Erste Seite:
Es ist ein wahrhaftiger Höllenweg, der „Camino de la Muerte“, die „Straße des Todes“. Die alte Trasse, die sich vom Hochland hinab in die Yungas windet, hat schon viele Menschenleben gekostet. Zum Glück gibt es heute eine Alternativstrecke, was die „Todesstraße“ wiederum als touristisches Abenteuer interessanter macht.

Oben:
Die leuchtend weißen Weiten des Salzsees von Uyuni sind an sich schon Grund genug, sich die Augen zu reiben. Eine Steigerung beschert die „Fischinsel“, Isla del Pescado, mit ihren Kakteen.

BOLIVIEN

Indiostaat im Herzen Südamerikas

Mit Bildern von Karl-Heinz Raach
und Texten von Andreas Drouve

INHALT BOLVIEN

Seite 8/9:
Flussboot auf dem Río Beni vor dem Grün des Regenwaldes und grauen Bergen im Nationalpark Madidi.

Seite 12/13:
Blick über La Paz bei Nacht – ein stiller Traum in einem westlichen Hochlandkessel Boliviens mit dem über 6400 Meter hohen Illimani im Hintergrund.

Willkommen in Bolivien!

Vertiefen wir uns zum Auftakt in die historischen Reiseskizzen von Albert Perl, der in Booten, Bahnen, Kutschen und mit eigener Muskelkraft „Durch die Urwälder Südamerikas" unterwegs war. So lautet der Titel seines 1904 in Berlin erschienenen Buches. Darin schildert er auch Erlebnisse und Entdeckungen in Bolivien, das er von Peru her erreichte und wo er sich zunächst um den Titicacasee den eisigen Wind um die Nase wehen ließ. Dann ging es weiter durch das karge Hochland mit Ausblicken auf den Sechstausender Illimani und schließlich in einer haarsträubenden Abfahrt ins Becken von La Paz:

„Von Chililaya nach La Paz fuhren wir in einer mit acht Pferden, und zwar Schimmeln, bespannten großen

Seite 14/15:
Piste durch die Einsamkeit. Sie führt über den Salar de Uyuni, Boliviens grandiosen Salzsee.

Die Redewendung mag abgegriffen sein, doch Bolivien steckt wirklich voller Kontraste. Was im Gegensatz zum Hoch- das Tiefland mit seinem überbordenden Grün beweist, hier im Nationalpark Madidi.

Kutsche. Der Weg führte über steinige Ebenen zum Hochplateau von La Paz. Das Wetter entsprach einem kalten, recht klaren Wintertage; zu seiten den mächtigen Illimani im prachtvollsten Sonnenschein, ging es streckenweise im Galopp über flach liegenden Schnee oder zugefrorene Tümpel vorwärts. Die Pferde unserer Postkutsche waren zum Teil in einem jammervollen Zustande, der Rücken zerschunden und die Brust blutig, so dass das Blut auf die Knie tropfte. Die Tiere sind jedoch von klein auf an Qual gewöhnt und laufen unter der langen Peitsche vorwärts. Für die vorderen Paare hat der Kutscher Steine bei sich liegen, mit denen er mit großer Geschicklichkeit zu treffen versteht. Bewundernswert ist die Fahrt vom Plateau herunter in das trichterförmige Tal von La Paz. Sie geht so schnell vor sich, dass die Vorderpferde im ständigen Galopp bleiben. Der Weg ist nur schmal, und mit Grauen schaut man in die Tiefe; oft saust der Wagen hart am Rande entlang, und unwillkürlich hält man sich fest in dem Gedanken, dass der Wagen abstürzen könnte. Der Führer führt indes seine Zügel mit Ruhe und bremst fortgesetzt mit dem rechten Bein, bis man endlich das holprige Pflaster der Residenzstadt Boliviens, La Paz, unter sich fühlt."

Die Zeiten sind lange verflossen und die Pferdekutschen PS-stärkeren Transportmitteln der Moderne gewichen, doch die Eindrücke haben nichts an Intensität verloren. Das Hochland ist unwirtlich und klirrkalt geblieben. Unverändert zeigt

Dieses Motiv unterstreicht, warum Sucre gerne „weiße Stadt“ genannt wird. Der Glockenturm gehört zur Kirche San Francisco.

sich gelegentlich der Illimani in ganzer Pracht, Boliviens zweithöchster Andengipfel. Und auf La Paz vom heutigen El Alto hinabzuschauen, der Nachbarstadt an der oberen Kante des Kessels auf über 4000 Metern, und dann tief abzufahren in die urbanen Niederungen, das hat seinen speziellen Kitzel und Reiz. Was voraussetzt, dass man sich einlässt auf das Dauergewimmel in den Straßen, die dünne Höhenluft. Getoppt wird das Ganze von den Ausblicken bei Dunkelheit, wenn sich ein grandioses, spinnwebartiges Lichtermeer zu Füßen ausbreitet. Alternativ zum Fortkommen auf Asphalt lässt sich in Seilbahnkabinen voranschaukeln.

Facettenreiche Großlandschaften

Bolivien ist ein Land, das knapp 1,1 Millionen Quadratkilometer umspannt und vielerorts den Atem raubt. Ganz wörtlich genommen. Das geografische Rückgrat bilden die Anden mit den Ketten der Ost- und Westkordillere, in denen die Anblicke von Fünf- und Sechstausendern, teils mit Eisbesatz, zur Gewohnheit geraten. Alleine in der Ostkordillere erreichen über zwanzig Gipfel die 6000-Meter-Marke, darunter der Illampu und der Huayna Potosí. Alles unter sich lässt der 6542 Meter hohe Vulkankegel des Sajama, Boliviens höchster Berg.

Großlandschaft im Westteil mit Übergang nach Peru ist die Hochebene, Altiplano, die Höhen zwischen 3000 und 4000 Metern abdeckt, die Becken der Seen Titicaca und Poopó umfasst und nach Süden hin zunehmend trockener wird. Im äußersten Südwesten breiten sich die Salzseen Coipasa und Uyuni aus, die nicht weit entfernt von der Grenze zu Chile liegen. Im Kontrast dazu stehen die Weiten der tropischen Tiefländer, Llanos, die den größten Teil Boliviens bedecken und an Brasilien heranreichen. Im Südosten beginnt der Chaco, auch Gran Chaco genannt, eine dünn besiedelte, feuchtheiße Großlandschaft, zu der Trockenwälder und Dornbuschsavannen, aber ebenso Überschwemmungsgebiete gehören; der Chaco setzt sich in Argentinien und Paraguay fort.

Hält man sich Boliviens Facettenreichtum mit all den Bergriesen, Trocken- und Regenwäldern, Fumarolen, tropischen Tälern, Sümpfen, See- und Savannengebieten vor Augen, könnte man zum Schluss kommen: In der Natur gibt es nichts, was es nicht gibt. Doch Bolivien ist ein Binnenstaat im Herzen Südamerikas. Was fehlt, ist das Meer. Dabei besaß das Land bis weit ins 19. Jahrhundert hinein einen Zugang zum Ozean. Der Streit um die reichen Salpetervorkommen in den Wüstenregionen am Pazifik mündete 1879 in den Salpeterkrieg, bei der sich das besser organisierte Chile auf der einen und Peru und Bolivien auf der anderen Seite gegenüberstanden. Fünf Jahre später war der chilenische Triumph perfekt, verbunden mit unwiederbringlichen Territorialabtretungen. Bolivien verlor das Küstengebiet um den Hafen Antofagasta. Ein historisches Trauma, bis heute.

Prägnante Kolonialzeit

Blättert man im Buch der Geschichte, brachte die Kolonialzeit der Spanier ab dem 16. Jahrhundert weit tiefere Einschnitte und Prägungen mit sich. Die Urbevölkerung sah sich der Gewalt der neuen Machthaber ausgesetzt. Viele Einheimische wurden niedergemetzelt, unterworfen, durch Zwangsarbeit in den Tod getrieben. Irreparabel waren zudem materielle Verluste, wenn man sich vergegenwärtigt, welche Reichtümer allein der Silberberg über der Andenstadt Potosí abwarf. Gleichzeitig gründeten die Spanier neue Städte, denen das heutige Bolivien paradoxerweise wichtige Reiseziele verdankt. Und Geistliche aus Gemeinschaften wie den Jesuiten, Franziskanern und Dominikanern nahmen ihre Missionierungsvorhaben in Angriff. Dabei vermochte sich der Katholizismus zwar weit auszubreiten, doch dem Glauben an ihre Naturreligionen schworen viele Menschen nicht ab. Dies gibt Bolivien bis in die Gegenwart hinein eine ganz besondere Mixtur. Maria, die heilige Jungfrau und Gottesmutter, genießt gleichermaßen hohe Verehrung wie „Pachamama", die Erdmutter, der man mit Opfergaben wie Kokablättern und Lamaföten huldigt.

Nach Kämpfen um die Unabhängigkeit, die ab 1809 aufflammten, löste sich die Andenrepublik am 6. August 1825 definitiv von dem aufoktroyierten Mutterland Spanien; der Gedenk- ist Nationalfeiertag. Boliviens Landesname erinnert an Simón Bolívar (1783–1830), einen der maßgeblichen Befreiungshelden, der mithalf, die erste Verfassung aufzusetzen.

„Plurinationaler Staat" mit 36 Ethnien

Bolivien ist, ebenso wie Ecuador, ein typischer Indiostaat in Südamerika – wobei wir uns beim Vokabular bewusst sind, dass statt „Indios" der spanische Ausdruck „Indígenas" respektvoller und angemessener klingt. Gegenwärtig liegt die Einwohnerzahl des Landes bei geschätzten 11,5 Millionen. Mangels exakter Erhebungen finden sich zur Zusammensetzung der Bevölkerung abweichende Informationen. Fest steht, dass die Indígenas prozentual die Mehrheit stellen. Diesen Nachfahren der Urbevölkerung folgen Mestizen,

Unten:
Die Region Chiquitania wurde einst von den Jesuiten missioniert. Im Zeichen des Kreuzes arbeitet hier und heute dieser Indio in der Holzschnitzwerkstatt San Pablo in San Miguel.

Oben links:
Reiche Schätze bewahrt das Karmeliterkloster Santa Teresa in Potosí.

Links:
Eine gute Auswahl, ordentlich sortiert und zu erschwinglichen Preisen – Lebensmittelladen in Copacabana am Titicacasee.

Ein Boot, ein Mann, ein Hund – unterwegs auf dem Titicacasee bei Huatajata.

also Mischlinge aus Weißen und Indígenas, sowie Weiße, wobei es sich zuvorderst um Nachfahren europäischer (spanischer) Einwanderer handelt, und kleinere Gruppen. Offiziell nennt sich Bolivien „Plurinationaler Staat", Estado Plurinacional de Bolivia. Verwaltungsmäßig teilt sich das Land in neun Großregionen, Departamentos, und über hundert Provinzen, Provincias.

Unter den Indígenas sind behördlichen Angaben zufolge 36 Ethnien vertreten, angeführt von den größten Volksgruppen der Quechua und Aymara mit insgesamt mehreren Millionen Zugehörigen. Beide pflegen, wie andere Ethnien auch, ihre eigenen Sprachen. Spanisch wird längst nicht überall verstanden. Dass Indígenas nicht gleich Indígenas sind, lässt sich im Reisealltag durch die unterschiedlichsten Hüte, Röcke, Tücher und Ponchos erahnen. Das Tragen farbenprächtiger Trachten ist übrigens keine touristische Zurschaustellung, sondern zählt zur selbstverständlichen Traditionspflege.

Während die Quechua und Aymara im Hochland beheimatet sind, leben die Tieflandvölker weit verstreut. Schwer auszumachen sind Ethnien wie die Moré, Murato und Sirionó, deren Zugehörige sich auf höchstens einige hundert belaufen. Bei anderen Volksgruppen sind die Zahlen sogar in den zweistelligen Bereich abgesackt, was bedeutet, dass sie irgendwann aussterben könnten. Bedrohliche Faktoren sind Landflucht, kulturelle Überlagerungsprozesse, die Fänge der zivilisatorischen Moderne. Andererseits haben über die eigenen Sprachen hinaus Sitten und Gebräuche die Zeiten überdauert. Noch immer perforieren die Pakawara, die in den Provinzen Vaca Díez und Manuripi beheimatet sind, ihre Nasen mit federgeschmückten Horizontalpflöcken. Noch immer sind unter den im Tiefland anzutreffenden Chiquitanos die Riten des Schamanismus verbreitet. Noch immer verehren die Movima im Departamento Beni ihre Herren über Berge und Wasser, was dafür spricht, wie sehr die eingeborenen Völker seit alters her die Natur ehren, ihr mit höchstem Respekt begegnen.

Gestiegene Anerkennung der eingeborenen Völker

Erst in jüngerer Vergangenheit – und nach vormaligen Jahrhunderten der Entrechtung, Knechtung und der Demütigungen – haben Boliviens Ethnien ein größeres Selbstwertgefühl entwickelt und eine stärkere Wertschätzung erfahren. Für einen Anfang des Aufbruchs und Umdenkens stand die 1982 begründete „Central de Pueblos y Comunidades Indígenas del Oriente Boliviano", ein Zusammenschluss der vier Tieflandvölker Chiquitanos, Ayoreo, Guarayos und Guaraní. Dahinter stand der Gedanke, eine stärkere Einheit zu formen, um den gemeinsamen Interessen Gewicht zu geben, Rechte zu verteidigen, Traditionen zu bewahren, Mitsprachen bei politischen Entscheidungen zu erwirken. Mittlerweile heißt die Organisation „Confederación de Pueblos Indígenas de Bolivia" und umfasst viele weitere Gruppen. Und denen geht es um Landrechte, eine verantwortungsbewusste Nutzung der natürlichen Ressourcen, gesundheitliche Versorgung, Chancen auf Bildung, eine stärkere Einbindung der Frau bei Entscheidungen.

Jede weitere Gründung jeder noch so kleinen Organisation – ob es die „Central Indígena de Pueblos Originarios de la Amazonía de Pando“ mit Sitz in Cobija war oder die „Central de Pueblos Indígenas del Beni“ im Departamento Beni – hat einen wichtigen Schritt nach vorn für das Selbstbewusstsein der Ethnien bedeutet. Eine internationale Würdigung der indigenen Kulturen hat Bolivien 2003 mit der Aufnahme der traditionellen Heilkunst der Kallawaya in die UNESCO-Liste des immateriellen Kulturerbes der Menschheit erfahren. In der Begründung wurde die „von der Andenregion geprägte kosmische Weltsicht“ der Kallawaya herausgestellt.

Zum Vorbild für viele Indígenas geriet der Linkspolitiker Evo Morales, der nach den Wahlen 2005 als erstes indigenes Staatsoberhaupt in die Geschichte Boliviens einging. Aus einer armen, vielköpfigen Aymarafamilie stammend, lernte er von Kindesbeinen an Entbehrungen kennen, schlug sich später als Kokabauer durch, wurde gewerkschaftlich aktiv und stellte mit seinem Aufstieg unter Beweis, was sich mit Willenskraft und Durchhaltevermögen schaffen lässt. 2009 und 2014 gelang Morales, der bei seiner Politik strittige Enteignungs- und Verstaatlichungsmaßnahmen unter dem Leitmotiv „Bolivien den Bolivianern“ vorantrieb, jeweils mit großer Mehrheit die Wiederwahl (nun bis 2019).

In Bolivien bedeuten die gestiegene Anerkennung und die Mitspracherechte der eingeborenen Völker nicht, dass damit die Probleme aus der Welt ge-

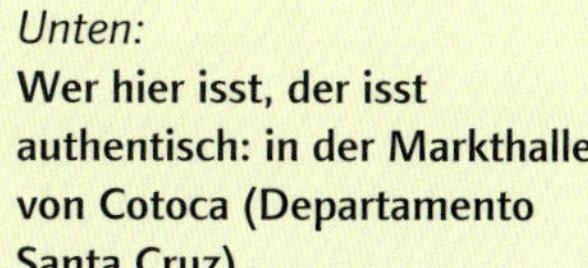

Unten:
Wer hier isst, der isst authentisch: in der Markthalle von Cotoca (Departamento Santa Cruz).

Oben links:
Hier wird man fit gemacht für's weitere Leben – Dorfschule westlich von Samaipata.

Links:
Bunte Trachten und Tragebündel zählen zum Alltag dieser Frauen in Yumani auf der „Sonneninsel“, Isla del Sol, im Titicacasee.

Touristen sind auf diesem bunten Straßenmarkt in der Kleinstadt Rurrenabaque nicht in Sicht.

schafft sind. Dubiose Fremdinteressen, bei denen es vor allem um die Jagd nach wertvollen Rohstoffen geht, sind Themen von chronischer Aktualität. Unverändert gilt es für die Ethnien, ihre altangestammten Lebensräume und Identitäten bestmöglich zu verteidigen.

„Ein Land, wo die Ursprünglichkeit noch existiert"

Nichts gibt es daran zu rütteln, dass Bolivien ein armes Land ist, eines der strukturschwächsten in Lateinamerika. Schätzungen sprechen von über der Hälfte der Bolivianer, die an oder unterhalb der Armutsgrenze leben – und das zum Teil in prekärsten Verhältnissen. Es mangelt vielerorts an Strom, Trinkwasser, Hygiene, sanitären Einrichtungen. Das rechnerische Pro-Kopf-Einkommen liegt pro Jahr bei 3200 US-Dollar. Die Arbeitslosigkeit lässt sich realistisch kaum beziffern. Viele Menschen wissen nicht, wie es tags darauf weitergehen soll, sie schlagen sich im Hier und Heute mit Klein- und Kleinsthandel durch. Ob an wackligen Ständen, als Obst- oder Eisverkäufer mit Wägelchen, als fliegende Händler mit Bauchläden oder einfach mit Pullis und Schals in der Hand. All dies verleiht dem bolivianischen Straßenalltag aus Besuchersicht eine gewisse Dynamik und Exotik, über die man unter dem Aspekt des individuellen Existenz- und Überlebenskampfes vielleicht nicht näher nachdenkt. Da bekommt der vielzitierte touristische Slogan „Bolivien, ein Land, wo die Ursprünglichkeit noch existiert" eine Note, die wahr und betrüblich zugleich ist. Der Fremdenverkehr befindet sich gerade deshalb im Aufwind, weil Bolivien in der Tat authentisch ist, für unausgetretenere Pfade in Südamerika steht und Reisende vergleichsweise viel für ihr Geld geboten bekommen.

Wirtschaft – Wachstum und Ressourcen

Der Tourismus ist einer der Stützpfeiler, der zum gegenwärtigen Wirtschaftswachstum beiträgt, das pro Jahr bei durchschnittlich fünf Prozent liegt. Das gibt Hoffnung mit Blick in die Zukunft. Allerdings ist die Wirtschaft abhängig von Rohstoffexporten, darunter Erdgas, Erdöl, Bergbauerzeugnisse und Agrarprodukte. Ausgeführt werden auch Edelhölzer. In der Landwirtschaft wichtig sind der Anbau von Soja, Erdnüssen, Zuckerrohr, Kartoffeln, Getreide, Baumwolle, Mais, Maniok und Quinoa. Einiges fließt in den Binnenmarkt zur

Selbstversorgung. Kokasträucher liefern Blätter, mit denen viele Bolivianer dank ihrer Kau- und Aussaugtechnik Höhenbeschwerden und Hungergefühle lindern. Die immergrünen Kokapflanzen dienen gleichermaßen als Grundstoff für Kokain – ein unliebsames Thema. In den subtropischen Tälern und im Tiefland wachsen Kaffee, Bananen und weitere Früchte.

Zinn, Gold, Zink und Bleierze stehen auf der Liste nennenswerter Bodenschätze. Gewisse Wirtschaftsperspektiven geben Lithiumressourcen. Doch die langjährige Linksregierung hat ausländische Investoren abgeschreckt. Probleme im Inland bleiben die Infrastruktur, die Korruption und die Verwaltung, deren Mühlen außerordentlich langsam mahlen.

Haupthandelspartner Boliviens sind Brasilien, Argentinien, China und die USA. Nach Deutschland gehen vornehmlich mineralische Rohstoffe wie Blei-, Silber- und Zinnerze in den Export, dazu Agrarprodukte wie Kaffee, Erdnüsse, Soja und Quinoa. Im Gegenzug wird die Einfuhr aus Deutschland von Maschinen, Fahrzeugen, Fahrzeugteilen, Elektrotechnik sowie chemischen und pharmazeutischen Produkten bestimmt.

Klassische Reiseziele und vielfältige Naturschutzgebiete

Es gibt viele gute Gründe für eine Reise durch Bolivien. In der Reihe der Klassiker stehen der Lago de Titicaca, Südamerikas größter Hochlandsee, La Paz, die Kolonialstädte Potosí und Sucre, der Salzsee von Uyuni, die präkolumbische Stätte Tiwanaku. Nicht zu vergessen die Chiquitania, eine Region der historischen Jesuitenmissionen, und die Yungas, fruchtbare, niederschlagsreiche Täler an der Ostabdachung der Anden. Damit kommen wir zurück zur Natur, die bei Flora und Fauna eine erstaunliche Vielfalt aufbietet. Landesweit dokumentiert sind etwa 1300 Vogel-, 300 Säugetier- und 250 Reptilienarten. In den Höhenlagen sind Lamas und Alpakas verbreitet, die der Mensch seit alters her als Lasttiere, Woll- und Fleischlieferanten nutzt; aus derselben Familie der höckerlosen Kamele stammen die Vicuñas. Majestätischer Vogel ist der Kondor, der eine Flügelspannweite von mehr als drei Metern erreicht. Über den Höhen erheben auch Truthahn- und Rabengeier ihre Schwingen, während Flamingos auf gut 4300 Metern nahe der Grenze zu Chile die Laguna Colorada durchstelzen. Dieser flache, von prächtigen Farbspielen durchtränkte See ist in die Reserva Nacional de Fauna Andina Eduardo Avaroa eingefasst, ein Schutzgebiet mit einsamen Vulkanen am Rand des

Unten:
Bus im Hochland westlich von La Paz. Was nicht ins Innere passt, kommt aufs Dach. Egal wie.

Oben links:
Zwischen Glaube und Aberglaube spielen sich viele Feste Boliviens ab, hier in Potosí.

Links:
Boot ahoi im Regenwald – Personenfähre auf dem Río Beni in Rurrenabaque.

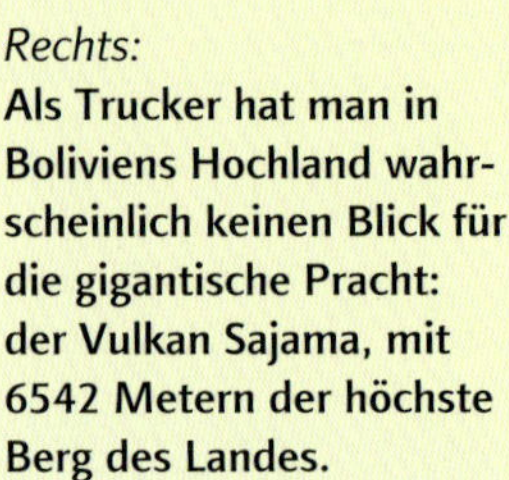

Rechts:
Als Trucker hat man in Boliviens Hochland wahrscheinlich keinen Blick für die gigantische Pracht: der Vulkan Sajama, mit 6542 Metern der höchste Berg des Landes.

Oben:
Wer auf dieser Salzkrusten-Piste auf dem Salar de Uyuni unterwegs ist, mag fast an eine Sinnestäuschung glauben.

Altiplano. Hier haben sich gleich drei Flamingoarten den rauen Lebensbedingungen angepasst: der Anden-, der Chile- und der etwas kleinere James-Flamingo. Typisch für die extremen Höhenlagen sind überdies der Nandu, ein straußenähnlicher Laufvogel, der Andenskunk, Steißhühner, Andengänse, Zwergmeerschweinchen und die an ihrem langen, buschigen Schwanz erkennbare Andenkatze. In Felsnischen suchen die zu den Hasenmäusen gehörigen Bergviscachas Wärme und Unterschlupf. Rar macht sich der Puma. Charakteristisch für den Bewuchs in den Höhenlagen sind Dornsträucher und Steppengräser, Kandelaberkakteen und meterhohe Bromeliengewächse. Wie riesige Hirnkorallen wirken die Beläge der grünen Yareta-Pflanzen.

Boliviens teils unzugängliche Tiefländer mit ihren Flüssen und Regenwäldern bündeln die größte Fülle der Tier- und Pflanzenwelt. Da gibt es Brüll- und Totenkopfaffen, Riesenotter, Piranhas, Flussdelfine, Faultiere, Tapire, Ameisenbären, Gürteltiere, Papageien und Tukane, Wasserschweine, bunte Schmetterlinge. Für seine Riesenfarne, Vogel- und Orchideenvielfalt bekannt ist der Parque Nacional Amboró, der sich im Westen der Großregion Santa Cruz von 3200 auf 300 Meter abstuft und im Departamento Cochabamba in den Parque Nacional Carrasco übergeht; Besonderheiten sind die Bestände von Brillenbären und der in Höhlen lebenden Fettschwalmvögel. An die Grenze zu Brasilien stößt der Parque Nacional Noel Kempff Mercado, ein niederschlags- und flussreiches amazonisches Gebiet, das 15 838 Quadratkilometer umspannt und zu dem Weltnaturerbe der UNESCO gehört. Hier stürzen Wasserfälle wie Arco Iris durchs Grün, hier wurzeln Mahagonibäume und Kautschukpflanzen, hier leben Jaguar und Ozelot, Anakonda und Boa constrictor. Im nördlichen Departamento Beni, das einen außergewöhnlichen Artenreichtum auf sich vereint, liegt das Biosphärenreservat Estación Biológica del Beni mit seinen typischen Überschwemmungsgebieten, Habitat von Sumpfhirschen, Wasserschildkröten und Kaimanen.

Insgesamt sind in Bolivien über dreißig Naturschutzgebiete ausgewiesen. Wichtig für den Erhalt der fragilen Ökosysteme sind auch der Parque Nacional Madidi im Nordwesten, der Parque Nacional Isi-

boro Sécure im mittleren Norden, der Parque Nacional Torotoro in der Landesmitte und der Parque Nacional Kaa-Iya del Gran Chaco im Südosten.

Reisen abseits der Komfortzone

Bolivien zu bereisen, das bedeutet, die persönliche Komfortzone zu verlassen. Wer Luxus will, ist vielerorts fehl am Platz. Wer unverfälschtes Erleben sucht, liegt genau richtig. Dies erfordert eine gute körperliche Verfassung und die Bereitschaft, sich auf unterschiedlichste Höhen und Klimata einzulassen. Hoch oben in den Anden können die Temperaturen jederzeit unter den Gefrierpunkt fallen, während man im Tiefland richtig ins Schwitzen gerät. Im knapp 450 Meter hoch gelegenen Santa Cruz de la Sierra liegen die Temperaturen zwischen November und Februar bei über 30 Grad Celsius. Die Jahreszeiten sind denen in Europa entgegengesetzt. Generell gehen die meisten Regenfälle im Südsommer zwischen Dezember und März nieder.

Nach der Ankunft im Hochland empfiehlt sich für Reisende, ein gewisses Zeitpolster für die Akklimatisierung einzuplanen. Höhen von 4000 Metern und mehr sind nichts für jedermann. Tückisch ist die Höhenkrankheit, Soroche, die auch Albert Perl zu spüren bekam. 1904 schilderte er in seinem Buch „Durch die Urwälder Südamerikas" einige Symptome: „Schweißausbruch, Zittern des Körpers, plötzlicher Schwindel und Erbrechen befällt einen, und man fühlt sich total zerschlagen." Typisch sind außerdem stechender Dauerkopfschmerz, Atemnot, Herzrasen. Statt der von Perl empfohlenen Äthertropfen tun Kokablätter, die man langsam im Mund zerkaut, gute Dienste. Ebenfalls hilfreich ist es, Zitronen auszulutschen oder Medikamente gegen Soroche einzunehmen, wie sie lokale Apotheken anbieten. Strapazen und schnelle Bewegungen sind unbedingt zu vermeiden, Ruhepausen wichtig. Dann geht's mit frischer Kraft auf zu neuen Ufern!

Links:
Der Flug von Flamingos lässt sich im Hochland nahe der Grenze zu Chile an der Laguna Hedionda verfolgen.

Unten:
Die Laguna Colorada ist ein exzellenter Beobachtungsspot für Flamingos.

Seite 26/27:
Eindrücke einer grandiosen Natur – Lamaherde vor dem schnee- und eisgekrönten Vulkan Sajama.

Das nördliche Hochland

„Nach Osten ist die Hochebene von einem SN. streichenden Gebirgszug begrenzt, nach Norden von einer wenig hohen Bergreihe; nach Süden von einer Bergkette mit einzelnen, hohen, zackigen Gipfeln und mittendrin der gewaltige himmelanstrebende Riesenkegel Sajama, eine der herrlichsten Vulkanformen, die man sich denken kann." So schilderte der Schweizer Naturforscher Johann Jakob von Tschudi (1818–1889) in seinem mehrbändigen, 1869 erschienenen Bericht „Reisen durch Südamerika" den ersten Anblick des Sajama, mit 6542 Metern der König der Berge Boliviens. Tschudis abenteuerliche Reiterwege durchs Hochland führten ihn weiter nach Curahuara de Carangas, *„ein ziemlich großes Indianerdorf aus Lehmhäusern, deren Fenster und Türen*

Seite 28/29:
Blick über die Altstadt von Sucre mit Teilen des Hauptplatzes und der angrenzenden Kathedrale.

Hier blickt man hinab in Boliviens größtes Häusermeer: von El Alto, der Oberstadt, nach La Paz. Weiter hinten wirft sich der Illimani auf.

meistens nach der Hofseite gerichtet sind. Die Kirche ist ein sonderbares Convolut von Lehmmauern, Strohdächern, einer grünen Tür und zwei andern Türen, von denen die eine in ihrer oberen Hälfte geweißt ist." Wer heute nach Curahuara de Carangas kommt, lässt sich das Innere des kolonialen Sakralbaus nicht entgehen. Die überbordenden Wandmalereien haben dem Kirchlein das Prädikat „Sixtinische Kapelle des Altiplano" eingebracht.

Auf- und abwärts in La Paz

La Paz ist Verkehrsdrehkreuz und Pflichtstation für viele Reisende, Sitz der Regierung Boliviens, Herzstück der Republik. Gemeinsam mit der Oberstadt El Alto, die auf über 4000 Meter ansteigt, verschmilzt La Paz zum größten Ballungsgebiet im Land. Der Name bedeutet „der Friede", doch die 1548 von Konquistador Alonso de Mendoza begründete Metropole dämmert alles andere als friedlich vor sich hin. Ständig neu setzen sich Wimmelbilder aus Kleinbusarmadas, Verkaufsständen und fliegenden Händlern zusammen. Auf ausgebreiteten Planen warten allerorten Wollpullis und Töpfe auf ihre Abnehmer, Möhren, Trauben, Kämme, künstliche Haarzöpfe, Plüschtiere, Kräuter, Krawatten, Messersets. Besondere Angebote hält der so genannte „Hexenmarkt", Mercado de las Brujas, um die Straßen Sagárnaga und Linares bereit. Das reiche Sakralerbe mit der Kathedrale und Kirchen wie San Francisco erinnert ebenso an die spanische Kolonialmacht wie die Calle Jaén, eine Prachtgasse mit weiß getünchten Fassaden, Laternchen, Balkongittern. Andernorts sind Geschäftsmänner in schicken Outfits unterwegs und Indiofrauen traditionell schwer verpackt in dicken, steifen Röcken und Unterröcken und mit Kinderbündeln auf dem Rücken.

In seinem Hochlandkessel hält La Paz auf Trab und in Atem. Keine Straße scheint eben zu verlaufen. Die sauerstoffarme Luft setzt beim ständigen Auf- und Abwärts zu. In der Seilbahn lässt sich abschalten und über die Bebauungsmassen hinwegschaukeln, die den Reisepionier Tschudi mit ihren roten Ziegeldächern und einzelnen Türmen nicht sonderlich beeindruckten. Dagegen geriet er beim Blick in die Ferne auf einen Sechstausender ins Schwärmen: *„Im Hintergrunde strebt der dreispitzige, 21 149 englische Fuß hohe Illimani majestätisch himmelan und begrenzt dieses eigentümlich schöne, großartige Landschaftsbild.“*

Maschinen? Fehlanzeige. Bei landwirtschaftlichen Tätigkeiten, wie hier nahe Epizana, ist oft einzig und allein Muskelkraft gefragt.

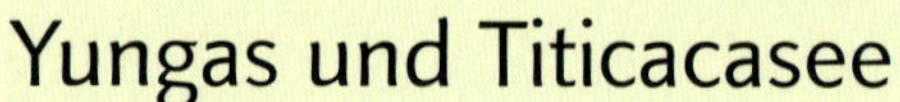

Yungas und Titicacasee

Komplett anders sieht es in den Yungas aus, fruchtbaren, niederschlagsreichen Tälern. Der Ort Coroico nimmt seine Besucher ruhig und freundlich auf. Mit Palmen, Hibiskussträuchern, gemäßigten Temperaturen und netten Unterkünften. Die alte Zubringerstraße von La Paz hinab in die Yungas trägt den dramatischen Beinamen „Weg des Todes“, Camino de la Muerte. Auf dieser Höllenstrecke ereignete sich einst eine Vielzahl an Abstürzen in den Abgrund. Lastwagen, Busse, Autos. Heute suchen waghalsige Radabenteurer ihren Kick.

Zurück in den kühlen Höhenlagen, geht es zur Ausgrabungsstätte Tiwanaku und an den Titicacasee. Südamerikas magisches Mega-Gewässer dehnt sich bis nach Peru aus und ist Heimat von Indígenas, die aus Schilf Hütten bauen und Fischerboote fertigen. Ziele auf bolivianischer Seite sind das Wallfahrtsstädtchen Copacabana und zwei Seeinseln, die Isla de Sol („Sonneninsel“) und die Isla de la Luna („Mondinsel“), beide mit Resten aus der Ära der Inka. Klimatisch haben die Gegenden ihre Tücken, die schon Albert Perl 1904 in seinem Buch „Durch die Urwälder Südamerikas“ schilderte: *„Der Wind pfeift um die Ecken, und*

man trachtet eifrigst danach, sich einen Schlupfwinkel zu suchen. Die Nächte sind eisig kalt, wie ja auch der Titicaca am Ufer zufriert; ich war Anfang Juli dort!“ Die klare Luft erlaubt, wie schon von Perl festgehalten, *„dass man auf die weitesten Entfernungen deutlich sehen kann.“*

Oruro und Cochabamba

Südostwärts ab La Paz führt die Reise in die alte Minen- und Karnevalsstadt Oruro und weiter nach Cochabamba, durch Berg und Tal mit Lamaherden, Lehmdörfern, eisigen Flusswassern. Feld- bedeutet oftmals Hand- und Knochenarbeit. Wer ein paar Ochsen, einen Karren oder ein Fahrrad besitzt, zählt zu den Reicheren. Cochabamba nennt sich „Stadt des ewigen Frühlings“, symbolisch beschützt von einer monumentalen Christusskulptur, dem Cristo de la Concordia.

Links:
Auf Boliviens Straßen zirkuliert manch altersschwaches Vehikel – wobei dieses hier, das auf der Landstraße südlich von Oruro liegengeblieben ist, eigentlich vergleichsweise neu wirkt.

Oben:
Willkommen im Nationalpark (Parque Nacional) Sajama! Er liegt im Departamento Oruro und umfasst circa 1000 Quadratkilometer.

Links:
Ein buntes Marktgetümmel wie dieses ist typisch für La Paz.

Oben:
Rotbraunes Dächermeer des Regierungssitzes La Paz. Die Basilika San Francisco (unten im Vordergrund) zählt zu den besuchenswertesten Bauwerken.

Rechts:
Die richtige Pracht der Basilika San Francisco in La Paz entfaltet sich erst im Innern. Die Gestaltung ist barock.

Oben:
Wichtige Station beim Stadtbummel in La Paz ist die Plaza Murillo mit dem Nationalkongress und dem Präsidentenpalast.

Links:
Himmelblau mit reichlich Kabeln in La Paz' Stadtviertel Calacoto, das zu den besseren gehört.

Unten:
Hängen mit einfachen Häusern in der Ferne stehen in La Paz solche Hochhaustürme gegenüber.

Links:
Die Seilbahn bietet eine besondere Möglichkeit, La Paz in Ruhe und aus schwindelnder Höhe zu erkunden.

Oben:
Fernab von Lärm und Getümmel lässt sich im Seilbahnnetz von La Paz voranschaukeln.

Oben:
Waschpulver, Shampoo, Zahnpasta – an diesem Marktstand in La Paz sind international bekannte Firmenprodukte vertreten.

Rechts:
Kerzenverkäuferin vor der Kirche San Agustín in La Paz.

Ganz rechts:
Wie wär's mit frisch Frittiertem? Marktangebot in La Paz auf dem Mercado Rodríguez.

Oben:
Ob diese Indiofrau in La Paz am Ende des Arbeitstages ein lohnendes Geschäft mit ihrem Spielzeug gemacht haben wird?

Ganz links:
Kurze Pause in La Paz auf einem Traditionsmarkt, dem Mercado Rodríguez.

Links:
Passend zum bunten Obstangebot in La Paz: die Wand mit Werbung für einen Farbenhersteller.

Straßenkulisse aus der Kolonialzeit in der Calle Sinjinés in La Paz.

Kabelsalat mit Linienbus in der Calle Sagárnaga in La Paz. Rundherum liegt eine beliebte Einkaufszone für Besucher.

Rechte Seite:
Eine fotogene Gasse in La Paz ist die Calle Jaén mit ihren altkolonial geprägten Häusern.

Sastreria Modas Victor Z. L.
ETNO
CAFE CULTURAL
SOHO
Restaurante Café-Pub
Modas

Oben:
Auf La Paz' Wochenmarkt Mercado Rodríguez reicht das Angebot von Hundefutter bis zu Käse und Fleisch.

Rechts:
Auch Gewürze finden sich auf dem Wochenmarkt Mercado Rodríguez in La Paz.

Links:
In der so genannten „Zaubergasse“ oder „Hexengasse“ Calle Linares in La Paz sind die Standauslagen entsprechend geheimnisvoll.

Unten:
Brotstand auf dem Wochenmarkt Mercado Rodríguez in La Paz; die Brotqualität ist natürlich nicht mit der deutschen vergleichbar.

Oben:
Im kargen Altiplano, hier bei Tiahuanaco, führen die Menschen oft ein einfaches, entbehrungsreiches Leben.

Rechts:
Streifzug durch die präkoloniale Anlage von Tiwanaku (auch: Tiahuanaco), vorbei an dieser Mauer des „Semi-unterirdischen Tempels“, Templete semisubterráneo.

Oben:
Im riesigen Ruinenareal von Tiwanaku kommt es immer wieder zu Ausbesserungsarbeiten und weiteren Ausgrabungen.

Links:
Im Ruinenbezirk von Tiwanaku führt der Weg zu den Resten der Tempelanlage Kalasasaya.

PRÄKOLUMBISCHE STÄTTEN

Oben:
Auf der Isla del Sol, der „Sonneninsel" im Titicacasee, finden sich Ruinen aus der Zeit der Inka.

Mitte:
In Tiwanaku entwickelte sich eine einflussreiche Hochkultur.

Boliviens Kulturerbe aus präkolumbischen Zeiten liegt weit im Land verstreut. Das wichtigste Ausgrabungsareal, im Altiplano südöstlich des Titicacasees leicht erreichbar, heißt Tiwanaku (auch: Tiahuanaco). Von hier, dem politischen wie religiösen und administrativen Zentrum der Hochkultur selben Namens, strahlten die Einflüsse bis nach Peru, Argentinien, Chile und an die Pazifikküste aus. Der Zeitrahmen der Existenz dieser mächtigen Zivilisation spannte sich in mehreren Epochen von etwa 1580 v. Chr. bis 1200 n. Chr.; den Höhepunkt der Herrschaft sehen Forscher zwischen 500 und 900 nach Christus.

Mond- und Sonnentor

Trotz aller Freilegungs- und Restaurierungsmühen ist es den Wissenschaftlern nur gelungen, einen Bruchteil der einstigen Stadt wiederherzustellen. Viele Zeugnisse sind in den Strömen der Zeiten unwiederbringlich versunken. Wahrzeichen im weitläufigen Ruinenbezirk ist das „Sonnentor", Puerta del Sol, ein zwischenzeitlich zerbrochener monolithischer Block, der zehn Tonnen wiegen dürfte. Ehrfurcht unter den einstigen Bewohnern geboten die Tempelanlage Kalasasaya, das Mondtor, die Pyramide Akapana mit ihren sieben übereinander liegenden Plattformen sowie der so genannte „Semiunterirdische Tempel" mit seinen Steinköpfen an den Innenwänden. Im 16. Jahrhundert überraschte es die eingefallenen Konquistadoren, eine anscheinend lange verlassene Stadt wie diese mit solch großen Steinmassen und befremdlichem Skulpturenwerk vorzufinden. Tiwanaku zählt zum Weltkulturerbe der UNESCO.

Keimzelle der Inka

Die Einflüsse von Tiwanaku unterstreicht das in der Hochlandprovinz Loayza gelegene Zeremonial-

Oben:
Die archäologische Anlage Fuerte de Samaipata war ein wichtiges Zeremonialzentrum. Die Reste sind mancherorts spärlich und spornen die Fantasie an: Wie mag es einst hier gewesen sein?

Oben links:
Das Sonnentor ist das Wahrzeichen des Ruinenareals von Tiwanaku.

Links:
Charakteristisch für den „Semiunterirdischen Tempel" von Tiwanaku sind die Steinköpfe an den Innenwänden.

zentrum Konchamarka mit seinem in den Fels geschlagenen Tor. Tiwanaku war ebenso wie die Mollo-Kultur, auf die im Departamento La Paz die Zitadelle von Iskanwaya zurückgeht, ein Vorläufer der Inka, die sich ab dem 13. Jahrhundert durch Invasionen auszubreiten begannen. Obgleich sich das Herzstück des Inkareiches im jetzigen Peru in Cusco herausbildete, befand sich die Keimzelle der ersten Inka, nämlich der Sonnenkinder Mama Ocllo und Manco Capac, auf der Isla del Sol, der „Sonneninsel" im Titicacasee. So will es die Überlieferung. Später kehrten die Inka auf die Isla del Sol zurück und hinterließen Zeugnisse wie den Palast Pilkokaina. Die „Mondinsel", Isla de la Luna, erlangte ebenfalls Bedeutung; Tempelruinen legen nahe, dass die Inka dieses Eiland für auserwählte Sonnenjungfrauen genutzt haben könnten. Unweit des am Ufer des Titicacasees gelegenen Städtchens Copacabana unterhielten die Inka ein astronomisches Observatorium, das die Spanier später verwirrenderweise „Inka-Galgen" nannten, Horca del Inca.

Weitere Belege für die Ausdehnung beziehungsweise kulturelle Überlagerung der Inka in Bolivien geben die befestigte Anlage Inkallajta in den Kordillerenausläufern bei Pokona (Departamento Cochabamba) und das Zeremonialzentrum Samaipata (Departamento Santa Cruz; Weltkulturerbe der UNESCO). Und Pasto Grande in der Provinz Sud Yungas hält vor Augen, zu welch meisterhafter Anlage von Feldbauterrassen die Menschen der präkolumbischen Kulturen fähig waren.

Oben:
Häuser am äußersten Stadtrand von La Paz, majestätisch überragt vom Sechstausender Illimani.

Rechts und ganz rechts:
Zur Erosionslandschaft Valle de las Ánimas gelangt man am Rand von La Paz. Hier steigen Hunderte Felsnadeln und -zacken auf. Ein echtes kleines Zaubergebirge.

Links:
Verstreut liegende Häuser und Parzellen im Hochland bei Sorata.

Unten:
Ein Stück außerhalb von La Paz geht's ins „Mondtal", Valle de la Luna. Die Formationen beruhen auf Erosion.

Unten:
Häuserzeile mit einfachen Restaurants am zentralen Platz in Sorata.

Ganz unten:
Der Ort Sorata, auf knapp 2700 Metern Höhe gelegen, bietet unverfälschte Bilder.

Rechts:
Sorata breitet sich zu Füßen des Bergriesen Illampu aus, der das Umland beherrscht.

Oben:
Erfindungsreichtum in El Alto: Teile eines Fahrzeugwracks als Fußgängerbrücke. Im Ansatz keine schlechte Idee ...

Rechts:
Busse bringen Menschen und Fracht im Hochland überallhin, wobei alles seine Zeit braucht.

Oben:
Cowboy mit Fahrrad – Viehauftrieb auf Bolivianisch in der Nähe von Achacachi.

Links:
Das sieht nicht nur schwer aus, es ist auch schwer: Transport von Gasflaschen in Achacachi.

Unten:
„Roca Sagrada", „heiliger Fels", heißt dieser Block auf der Isla del Sol im Titicacasee. Hier befand sich eine heilige Stätte der Inka.

Ganz unten:
Fundstücke im archäologischen Museum von Challapampa auf der Isla del Sol im Titicacasee.

Rechts:
Reste eines Inkapalastes an der Nordspitze der Isla del Sol mit Vorzugsblick über den Titicacasee.

Seite 56/57:
Der Titicacasee, den Bolivien und Peru sich teilen, ist von Inseln und Inselchen durchsetzt. Er zählt zu den Reisehöhepunkten in ganz Südamerika.

Oben:
Challapampa liegt auf der Isla del Sol im Titicacasee; die Insel ist etwa elf Kilometer lang und sieben Kilometer breit.

Rechts:
Kaum zu glauben ist, dass Indiofrauen, wie sie hier auf der Isla del Sol im Titicacasee leben, selbst bei härtester Kälte Sandalen tragen.

Ganz rechts:
Indiofrauen auf der so genannten „Inkatreppe“; Isla del Sol, Titicacasee.

Oben:
Der Titicacasee ist auf bolivianischer und peruanischer Seite die Heimat der Uru, die gelegentlich auch „Urus“ oder „Uros“ geschrieben werden. Als wichtiges Material dient den Uru Schilf, aus dem traditionsgemäß Hütten gebaut und Fischerboote gefertigt werden.

Links:
Uru-Dorf bei Yampupata nördlich von Copacabana; Titicacasee.

DER TITICACA

Oben:
Traditionelle Schilfgrasboote der Uru-Indígenas bei Huatajata.

Mitte:
Beliebtes Ziel von Besuchern – und wegen des Marienheiligtums auch Wallfahrern – ist Copacabana.

Rechts:
Boote in der Bucht von Copacabana im Abendlicht.

Glasklares Licht hängt über den Weiten des Sees, den Bergen im Umland, den Hügeln mit ihren sorgsam beackerten Feldbauterrassen. Das Wasser schimmert in einer Mischung aus Tief-, Grün-, Ultramarin- und Indigoblau. Die eiskalte Morgenluft an den Ufern zieht in die Knochen. Kein Wunder, denn der Lago de Titicaca, der Titicacasee, liegt auf einer Höhe von 3800 Metern.

Bolivien und Peru teilen sich das Riesengewässer, das einem Binnenmeer gleichkommt und als höchstgelegener schiffbarer See der Welt gilt. Die Ausdehnung von 8300 Quadratkilometern entspricht über einem Viertel der Fläche Belgiens. Populäres Ziel auf bolivianischer Seite ist das Städtchen Copacabana, das sich hinter einer sanft geschwungenen Bucht ausbreitet und mit einem Marienheiligtum zu Ehren der Virgen de Copacabana aufwartet. Der Ruf als Wallfahrtsziel gründet sich auf ein wundertätiges Madonnenbildnis, das in der Zeit um 1580 von einem Indio namens Francisco Tito Yupanqui kunstvoll geschnitzt worden sein soll. Alljährlich um den 5. August strömen die größten Pilgerzüge in den Seeort. Jederzeit lohnt ein Aufstieg auf den Kalvarienberg, Calvario – und das nicht nur für Gläubige. Die Ausblicke über See und Häusermeer sind fantastisch.

Herkunft der Sonnenkinder

Der Lago de Titicaca hat schon immer Menschen angelockt und ist eng mit dem legendären Ursprung der Inka verbunden. Der Mythos besagt, dass Mama Ocllo und Manco Capac, die Kinder

SEE

Oben:
Wer in diesen Lehmhütten auf der Isla del Sol lebt, hat zwar einen schönen Ausblick, muss aber widerstandsfähig sein. Oft wird es bitterkalt.

Links:
Hier wird gerade das Grundmaterial für den Hütten- und Bootsbau gesammelt.

des Sonnengottes Inti, dem See entstiegen und auf Wanderschaft gingen, bis sie im heutigen Peru das Hochland von Cusco erreichten und dieses um 1200 n. Chr. ins Herzstück des neu begründeten Reiches der Inka verwandelten. Überlieferungen sprechen der Isla del Sol, der von Copacabana gut per Boot erreichbaren „Sonneninsel", die Herkunft der Sonnenkinder zu.

Wiraqucha und T'unupa

Die Geschichte um eine andere Gottheit, Wiraqucha, und seinen Sohn T'unupa lässt tiefer eintauchen in die Legendenwelt des Titicacasees. Wiraqucha, der Schöpfer des Himmels und der Erde und der Sterne, entsandte T'unupa, um die Menschen zu bessern. T'unupa suchte die bäuerliche Bevölkerung auf und lehrte sie einen respektvolleren Umgang mit der Natur, aber im Ort Carabuco schlug ihm die Feindschaft des Clanchefs Makuri entgegen. Makuri mokierte sich über T'unupa und vertrieb ihn. Auf einem ausgebreiteten Tuch gelang es T'unupa, über das Wasser das heutige Copacabana zu erreichen, wo es ihn noch schlimmer traf. Als er die Bewohner überzeugen wollte, ihren blutigen Kulten zu Ehren eines metallenen Raubtiers abzuschwören und sich der Güte seines Vaters Wiraqucha zu fügen, kam es zum Aufstand. Der Mob nahm T'unupa gefangen, schleppte ihn ans Ufer, band ihn auf ein Schilfboot, gab diesem einen Stoß und überließ den Fremden seinem Schicksal. Wind und Wellen zogen auf. Blitze zuckten, Donner grollte. T'unupa trieb auf die See-Enge von Tiquina zu, wo sich der Flusslauf des Río Desaguadero öffnete, dem das Bötchen südostwärts folgte und schlussendlich in ein Hochbecken trieb. Dort formte sich Boliviens zweitgrößter See, der Lago Poopó. Und die Spur T'unupas verlor sich.

Unten:
In Copacabana kann man bei Einbruch der Dunkelheit einkaufen – oder den Blick über den Titicacasee genießen.

Links:
Das attraktive Copacabana breitet sich an einer Bucht des Titicacasees aus.

Oben:
Freizeitbeschäftigung Tischfußball am Strand von Copacabana. Wer hier lebt, hat sich an die Traumansichten des Titicacasees längst gewöhnt.

Rechts:
Ein Beweis dafür, dass Heiligtümer für vielerlei herhalten müssen. Hier kommt es vor dem Sanktuarium von Copacabana gerade zu einer Fahrzeugtaufe.

Rechts:
Altarraum im Marienheiligtum von Copacabana.

Ganz rechts:
Vor dem Marienheiligtum von Copacabana versteht es sich von selbst, sein Geschäft mit Wallfahrern und sonstigen Besuchern machen zu wollen.

Rechte Seite:
Copacabana hat sich in jüngerer Vergangenheit zu einem Städtchen von einigen tausend Einwohnern entwickelt. Tendenz: steigend.

HOTEL
Gloria

Oben:
Im Zentrum von Achacachi nimmt das Leben seinen gewohnten Alltagsgang.

Rechts und ganz rechts:
Indiomarkt in Huarina, gelegen an den Ausläufern des Titicacasees. Frauen in Huarina tragen selbstverständlich solche Hüte – die immer ein bis zwei Nummern zu klein wirken.

Links:
Auf dem Indiomarkt in Huarina werden Brote einfach auf Planen ausgebreitet.

Unten:
Fähre bei San Pablo de Tiquina am Titicacasee. Mehr als zwei Fahrzeuge plus Passagiere passen hier nicht drauf. Und auch so ist man eher skeptisch …

Linke Seite:
Nur für starke Nerven: Passstraße vom Hochgebirge nach Coroico in die Yungas.

Links:
Augenmaß ist für all jene gefragt, die auf solch einer Straße durch die Yungas fahren.

Links:
Auf solchen Straßen durch die Yungas herrscht wenig Verkehr. Doch wenn jemand entgegenkommt, wird's problematisch.

Ganz links:
Gedenkstelle an der „Straße des Todes“ hinab in die Yungas.

Unten:
Einsames Warten auf Kundschaft: Quechuafrau mit Obststand am Dorfplatz in Pojo.

Ganz unten:
Damit es nicht abhebt, braucht solch ein Dach, wie man es östlich von Pojo sieht, einen gewissen Ballast.

Links:
Wer diese Bergblicke östlich von Pojo im Departamento Cochabamba nicht genießt, dem ist nicht zu helfen!

Rechts:
Schulkinder in einer Gasse in Totora im Departamento Cochabamba.

Ganz rechts:
Diese Holztür in Totora mag ihre besten Zeiten hinter sich haben, verdient aber einen Blick.

Rechts:
Das Zentrum von Totora, Hauptstadt der Provinz Carrasco, ist einen Bummel wert.

Ganz rechts:
Ob das nach typischer Andenmusik klingt? Jungs mit Flöten in Totora.

Die Zeit scheint stehen geblieben: In den Straßenzügen von Totora halten sich unverfälschte Bilder.

Straßenszene in Aiquile im Departamento Cochabamba. Blickfang ist hier die Apotheke (Farmacia).

Unten:
Erosionslandschaft bei Lupacamaya, westlich von Patacamaya im Departamento Oruro.

Links:
Im kargen Hochland sind solche Flüsschen wie der Río Misque entscheidende Lebensadern.

Oben:
Ein wichtiger Fluss im Altiplano ist der Río Desaguadero, hier westlich von Patacamaya.

Rechts:
Zwischenstopp in der Hauptstraße von Patacamaya, einer Siedlung auf einer Höhe um 3800 Meter.

Unten:
Kirche in der Einsamkeit. Das Gotteshaus in der Hochebene bei Puerto Japones westlich von Patacamaya erscheint verlassen.

Oben:
Geheimnisvoll erheben sich die Grabtürme (Chullpas) aus prähispanischer Zeit westlich von Patacamaya.

Links:
Na denn, Prost! Bierwerbung auf einer Hauswand in Patacamaya.

Oben:
Eine Lamaherde zieht vor der schneebedeckten Kulisse des 6542 Meter hohen Sajama voran.

Rechts:
„Republik von Bolivien, mein geliebtes Vaterland", steht hier an der Grenze zu Chile im Nationalpark Sajama.

Oben:
Wer hier wohl begraben wurde? Entlegener Mini-Friedhof im Hochland südlich von Oruro.

Links:
Reste der Kirche von Lagunas im Nationalpark Sajama. Größere Aufkommen an Gläubigen dürfte es hier nie gegeben haben.

Das südliche Hochland

Es war einmal ein Indio namens Diego Huallpa, der zu Beginn des Jahres 1545 mit seiner Lamaherde in die Dunkelheit geriet. Er übernachtete an den Ausläufern eines mächtigen Berges. Nachdem er seine Tiere festgebunden hatte, entzündete er in der Eiseskälte des Hochlands ein Feuer. Am Morgen traute er seinen Augen nicht. Dort, wo die Flammen gelodert hatten, breitete sich nun geschmolzenes Silber aus. Er kratzte das Metall zusammen, nahm es mit, verkaufte es und kehrte gelegentlich an die Stelle im Gebirge zurück, um Nachschub zu holen. Das Geheimnis um den Ursprung des Silbers behielt er für sich, bis er es seinem Gefährten Guanea preisgab, dem Huallpas plötzlicher Reichtum nicht entgangen war. Statt ge-

Lamas im Altiplano. Solche Kameliden sind von jeher für den Menschen Woll-, Fleisch- und Mistlieferanten gewesen.

meinsame Sache zu machen, gerieten die beiden aus Profitgier in Streit. Irgendwie kam schließlich den Spaniern, die Jahre zuvor ins heutige Bolivien eingefallen waren und es auf Schätze abgesehen hatten, die Kunde vom „Silberwunder" zu Ohren. Und eine der tragischsten Geschichten Südamerikas geriet in Gang. Der Schauplatz der legendären Story um Diego Huallpa war der Sumaj Orcko, den man später „Reichen Berg" nannte, Cerro Rico. Aus dem Innern des Berges ließen die Spanier im Laufe der Zeiten auf Kosten versklavter Indios schier unglaubliche Silbermengen holen. Unterhalb des Sumaj Orcko begründeten die Konquistadoren im selben Jahr 1545 die Stadt Potosí, die einen Aufstieg wie kaum eine andere erlebte. Silberberg und Urbevölkerung bluteten aus, während Potosí zur größten und wohlhabendsten Metropole ihrer Epoche aufstieg. Ab 1572 erfolgte der Bau der königlichen Münzprägeanstalt, Casa de Moneda. Mitte des 17. Jahrhunderts lebten weit über 150 000 Menschen in Potosí, mehr als seinerzeit in London, Madrid oder Paris. Auf eigens angelegten Transportwegen kam der Nahrungsnachschub aus den fruchtbaren Tälern, während das Silber über Hochlandrouten an die Seehäfen abfloss und flottenweise Kurs in Richtung Spanien nahm.

Potosí, auf annähernd 4000 Metern gelegen, atmet bis heute eine besondere Stimmung. Die Zeugnisse der Kolonialarchitektur zählen zum Weltkulturerbe der UNESCO. Über allem zeichnet sich der mächtige Kegel des Cerro Rico ab. In der dünnen, glasklaren Luft blicke ich durch die Gassen auf die kargen Bergflanken in ihren Rostrot- und Brauntönen.

Rechts:
Beliebtes Aufenthaltsgebiet von Flamingos: die Laguna Colorada.

Oben:
Abenteuer in der großen weißen Weite: Jeeptour über den großen Salzsee, Salar de Uyuni.

Sucre, die „weiße Stadt"

Ein wenig älter als Potosí ist Boliviens konstitutionelle Hauptstadt Sucre, 1538 im Territorium des Volkes der Charcas von Spaniens Invasoren als La Plata gegründet. Der später aufgekommene Stadtname ehrt den Freiheitshelden Antonio José de Sucre (1795–1830), der mithalf, die Loslösung von Spanien zu erkämpfen. Sucre, „weiße Stadt" genannt, Ciudad Blanca, bewahrt eine Kolonialpracht, die als Fusion von europäischer und lokaler Baukunst zu dem Weltkulturerbe der UNESCO

gehört. Da gibt es die Kathedrale, wappengeschmückte Adelshäuser, den historischen Klosterkomplex La Recoleta, Kirchen wie San Francisco und San Felipe Neri. In der Casa de la Libertad, dem „Haus der Freiheit" am Hauptplatz, wurde 1825 Boliviens Unabhängigkeit verkündet. Nahe Sucre liegt Cal Orcko, ein Fundgebiet versteinerter Dinosaurierspuren. Jeden Sonntag lockt der Indiomarkt von Tarabuco mit Wolljacken, Mützen, Ponchos, Pullis im Überfluss.

Naturwunder und die Fährte eines Revolutionärs

Während in Boliviens tiefem Süden Tarija, die „Stadt der Blumen", auf 1900 Metern ein mildes Klima genießt, geht es in den bibberkalten, entlegenen Gegenden des Altiplano zu zwei der schönsten

Links:
Orangenverkäuferin auf dem Markt von Sucre. Die Freundlichkeit gibt's gratis dazu.

Oben:
Auch im Hochland um Potosí gilt es (im übertragenen Sinne und überhaupt), die Spreu vom Weizen zu trennen.

Hochlandseen Südamerikas. In der Laguna Colorada leben Flamingos, die Laguna Verde schimmert grün bis türkis. Und der Geysir Sol de la Mañana setzt seine Rauchzeichen.

Als andersartiges Naturwunder sticht der Salar de Uyuni hervor, Boliviens größter Salzsee, der eine Fläche von über 10 000 Quadratkilometern bedeckt. Bezeichnend ist die dicke Salzkruste. Wer die Blicke schweifen lässt, könnte die weißen Weiten fast für Eisfelder halten – wären da nicht, wie auf der Erhebung der Insel Incahuasi, meterhohe Kakteen. Der Salzabbau sorgt in der gigantischen Salzpfanne für eine wichtige Einnahmequelle. Kurios wie das Hotel Palacio de Sal, das sich „Erstes Salzhotel auf der Welt" nennt, ist nahe dem Städtchen Uyuni auch der „Zugfriedhof", Cementerio de Trenes. Die lange verlassenen Dampfloks und Wagen bezeugen ein Stück Transportgeschichte aus den Frühzeiten des vergangenen Jahrhunderts.

Eine Spurensuche anderer Art führt weit im Nordosten von Sucre an die Ausläufer der Anden nach Vallegrande und La Higuera auf die „Che-Guevara-Route". Nachdem er an der Seite Fidel Castros als Guerillaführer die revolutionäre Umgestaltung Kubas mitgetragen hatte, zog es den gebürtigen Argentinier Che Guevara (1928–1967) nach Bolivien. Sein Ziel war es, eine revolutionäre Bewegung aufzubauen, doch das Vorhaben endete nicht zuletzt wegen der fehlenden Unterstützung durch die Landbevölkerung tödlich. Im Oktober 1967 wurde Guevara von bolivianischen Militärs gefangen genommen und exekutiert.

Links:
Blick über die koloniale Altstadt von Sucre, die konstitutionelle Hauptstadt Boliviens.

Unten:
Reich geschmückt ist die Fassade des städtischen „Hauses der Kultur", Casa de la Cultura, in Sucre.

Oben:
Töne weiß in weiß: Torbogen und Kirche San Francisco in Sucre. Das Gotteshaus stammt aus der zweiten Hälfte des 16. Jahrhunderts.

Rechts:
Ein Ort der Ruhe ist der Innenhof des historischen Franziskanerklosters La Recoleta in Sucre.

Unten:
Leere Kirchenbänke sind auch in Bolivien an der Tagesordnung. Gottesdienst in der Kathedrale von Sucre.

Ganz links:
Das Herzstück von Sucre, die Plaza 25 de Mayo, wird vom Turm der Kathedrale überragt.

Links:
Die Casa de la Libertad, das „Haus der Freiheit" in Sucre, bewahrt das Angedenken an die Verkündigung der Unabhängigkeit des Landes.

Links:
Akademische Architektur: Innenhof der Humanistischen Fakultät der Universität von Sucre.

HILFSPROJEKTE IM ÄRMSTEN LAND SÜDAMERIKAS

Oben:
Das aus dem nordrhein-westfälischen Düren unterstützte Kinderheim Poconas in Sucre ist ein Beispiel dafür, wie sehr die Kleinsten auf Hilfe und Spendengelder angewiesen sind.

Mitte:
Schwester Rita hat als langjährige Leiterin des Kinderheims Poconas einen schier unglaublichen Einsatz gezeigt.

Bolivien, das ärmste Land Südamerikas, benötigt nicht nur die Hilfe der internationalen Staatengemeinschaft. Jeder Einzelne kann seinen Beitrag leisten. Ob mit Spendengeldern, Volunteering über einen entwicklungspolitischen Freiwilligendienst wie „Weltwärts" oder anderweitigem Engagement.

Kinderheim Poconas in Sucre

Exemplarisch herausgestellt sei die Partnerschaft zwischen der Pfarrgemeinde Sankt Anna/Sankt Lukas aus dem nordrhein-westfälischen Düren und dem Kinderheim Poconas in Sucre. Alles begann 1977 mit einem Zufallskontakt über die Josefsschwestern, die das Kinderheim leiten. Nach Anfängen mit Sammlungen von Baby- und Kinderkleidung, die fleißige Hände in Pakete verpackten, geht es heute um Spendengelder, um die Einrichtung gezielt zu unterstützen. Kollekten, Privatspenden und ideenreiche Initiativen, bei denen Schüler Benefiz-Läufe starten oder eine Musikband ein Wohltätigkeits-Event in einem Kulturzentrum veranstaltet, spülen jedes Jahr einige zehntausend Euro in die Kasse. „Das Geld kommt eins zu eins an. Bei uns gibt es keine Verwaltungsgebühren, und wenn wir hinüberfliegen, bezahlen wir das selbst", bekräftigt Rudolf Meurer, einer der Motoren des Dürener Förderkreises Poconas.

Hilfe zur Selbsthilfe

Im Kinderheim Poconas leben bis zu 120 Kinder, Jugendliche und junge Erwachsene im Alter von 0 bis 24 Jahren. Sie erhalten neben einer Grundversorgung mit Unterbringung und Verpflegung eine emotionale, erzieherische und schulische Betreuung. Manche besuchen sogar die Universität und dürfen bis zu ihrem Abschluss wohnen bleiben. Paul Larue, der langjährige Bürgermeister von Düren, hat für das Projekt als Privatmann „Feuer gefangen", wie er sagt, und ist stolz darauf, dass die „trittfeste Brücke" zwischen seiner Heimatstadt

Oben:
Im Kinderheim Poconas versteht es sich von selbst, dass die Größeren mithelfen.

Oben links:
Geschäftiges Treiben in der zum Kinderheim Poconas gehörenden Backstube, die durch Spendengelder aus Düren (NRW) finanziert worden ist.

Links:
Wenn man sieht, wie die Kleinsten im Kinderheim Poconas vorankommen, dann entschädigt das für all den Aufwand organisatorischer Mühen. Und man weiß: Hier kommen die Spendengelder gut an!

und Poconas bis heute hält. „Die konkrete Hilfe für Kinder und Jugendliche kommt dort an, wo der bolivianische Staat nichts oder wenig tut", unterstreicht Larue. Dank der finanziellen Unterstützung und dem ehrenamtlichen Einsatz aus Düren ist sogar eine zum Kinderheim gehörige Backstube entstanden, die als Hilfe zur Selbsthilfe gedacht ist und einen dreifachen Zweck verfolgt: Selbstversorgung, Verkauf von Backwaren als Beitrag zur Finanzierung des Heims sowie eine Ausbildung von Mädchen im Bäckerei- und Konditorhandwerk. Über „Brötchen-Patenschaften" können Interessierte die Kosten für die Versorgung eines Kindes mit nahrhaften Backwaren für einen bestimmten Zeitraum übernehmen; der Aufwand ist gering. Rudolf Meurer, pensionierter Ingenieur, ist bereits mehrfach in Poconas gewesen und jedes Mal aufs Neue von der Herzlichkeit überwältigt. „Man bekommt etwas zurück", so Meurer.

Blickt man auf den größeren Rahmen der Unterstützung aus Deutschland, fließen Gelder der bilateralen Entwicklungszusammenarbeit nach Bolivien. Nach Angaben des Auswärtigen Amtes beläuft sich die Gesamtleistung seit Beginn der 1960er-Jahre auf über eine Milliarde Euro. Die drei Schwerpunkte bilden Energie, Trinkwasserversorgung und Abwasserentsorgung mit Fokus auf Stadtrandgebiete sowie nachhaltige ländliche Entwicklung.

Linke Seite:
Straßenzug im Zentrum von Sucre, der verfassungsmäßigen Hauptstadt Boliviens.

Links:
Gemütliches Rentendasein? Nein, auch im höheren Alter muss man noch für Einkommen sorgen, hier an einem Marktstand in Sucre.

Ganz links:
Diese Frau auf dem Markt in Sucre arbeitet an einer schön verzierten, alten Nähmaschine.

Links:
Schuhputzer mit seinem Kundenthron auf dem Hauptplatz von Sucre.

Oben:
Beim Überland-Transport hier zwischen Sucre und Potosí greifen Einheimische noch immer auf Lasttiere zurück.

Rechts:
Spärlich fließt der Verkehr über die Nationalstraße bei Don Diego östlich von Potosí.

Oben:
Einsame Hochland-Exotik auf Bolivianisch auf der Nationalstraße bei Don Diego.

Ganz links:
Mitfahrgelegenheit im Kleinbus, der hier gerade auf der Nationalstraße bei Don Diego gestoppt hat.

Links:
Im Hochland kann's unwirtlich und einsam zugehen, so wie hier östlich von Potosí.

Linke Seite:
Bei der Landarbeit östlich von Potosí sind möglichst viele helfende Hände gefragt.

Indiofrau mit Ziegen auf ihrem Gehöft bei Don Diego östlich von Potosí.

Traditioneller Backofen aus Lehmziegeln an der Nationalstraße bei Don Diego.

Unten:
Seitenaltäre in der Klosterkirche San Francisco, Potosí. Die Ursprungskirche aus der Mitte des 16. Jahrhunderts wurde ab 1707 erneuert und 1726 geweiht.

Links:
Blick über das Dach des Klosters San Francisco zur Kathedrale von Potosí.

Oben:
Die Klosterkirche Santa Teresa in Potosí mit ihrem golden glänzenden Hochaltar. 1685 begründeten die Karmelitinnen das Kloster.

Rechts:
Auf dem Hauptplatz von Potosí finden Tauben und Kinder zusammen.

Ganz rechts:
Zitrusfrüchte werden frisch ausgepresst – typische Straßenszene in der Innenstadt von Potosí.

Rechts:
Auch Bolivianer in Potosí feiern die Feste, wie sie fallen – und werfen sich zu solchen Anlässen in ausgefallene Kostümtracht.

Ganz rechts:
Schulkinder vor dem Rathaus in Potosí. Auch dieses Gebäude zeugt von der einstigen Pracht der Stadt.

Rechte Seite:
Typische Kabelgewirre und Straße in Potosí, im Hintergrund die Kirche Santa Teresa.

GRUPO DE
Y SEGURIDAD
VIVA
NISSAN
2400

Oben:
Der Turm der Kirche San Francisco in Potosí mit dem „Reichen Berg", Cerro Rico, im Hintergrund.

Rechts:
Der Glockenturm der alten Jesuitenkirche vor den Abhängen des Silberberges Cerro Rico.

Ganz rechts:
Ornamente in Hülle und Fülle: reich verschnörkeltes Hauptportal der Kirche San Lorenzo in Potosí.

Oben:
Blick über Potosí auf den alles beherrschenden Cerro Rico, dem die Stadt in früheren Zeiten ihren Reichtum verdankte.

Links:
Innenhof der Casa de Moneda, der einstigen Münzprägeanstalt der Spanier in Potosí.

Links:
Bergarbeitersiedlung am Fuße des Cerro Rico, in dessen Innern noch immer unter unmenschlichen Bedingungen geschuftet wird.

Oben:
Spielplatz Abraumhalde an den Hängen des Cerro Rico bei Potosí.

Ganz oben:
Indiofrauen in der Minensiedlung am Cerro Rico.

Der Silberberg von Potosí –

CERRO RICO

Oben:
Im Cerro Rico ist noch lange nicht Schicht im Schacht.

Mitte:
Wer die Geschichte des „Reichen Berges", Cerro Rico, kennt, ist einfach nur entsetzt über das Vorgehen der spanischen Kolonialherren.

„Ihr werdet sie manche Male sehen, dem Vieh auf vier Beinen gehend gleich, mit der Last auf ihren Schultern, und andere, die sich wie Würmer voranziehen", schrieb der Chronist Bartolomé Arzáns de Orsúa y Vela (1674–1736) über die inhumane Arbeit der Indios in den Minen des Silberbergs von Potosí. Mit ihrer Manpower, barbarisch geknechtet von den spanischen Kolonialherrn und ihren Handlangern, sorgten die Einheimischen dafür, dass Potosí zu einer der vormals reichsten Städte Südamerikas aufstieg und die Silberflotten reichlich Nachschub erhielten. Die Schätze dienten Spanien in der Altheimat dazu, Kriege zu finanzieren, Schulden zu begleichen und eine Vielzahl an Palästen, Klöstern und Kirchen prunkvoll auszustaffieren.

Silberbrücke

Bis zum Ende der Kolonialära im 19. Jahrhundert könnten, so besagen es Schätzungen, insgesamt acht Millionen Indios im Silberberg in den Tod getrieben worden sein. Für sie war der Gebirgsriese gleichbedeutend mit dem Tor zur Hölle. „Jeder Peso, der in Potosí geprägt wird, kostet zehn tote Indios in den Kavernen der Minen", hieß es. Statistiken über die abgeschöpften Reichtümer existieren nicht. Erhalten hat sich einzig eine Redensart. All das Silber, so sagt man, hätte ausgereicht für den Bau einer Brücke: einer Brücke von Potosí nach Spanien.

Sumaj Orcko

Der Silberberg, der in der Quechua-Sprache Sumaj Orcko heißt und auf Spanisch als Cerro Rico bekannt ist, versinnbildlicht eine dramatische Geschichte und steht als Mahnmal kolonialer Ausbeutung. Ebenso wenig wie vor der Vergangenheit lassen

Oben:
Denkmal für die Minenfrauen in der Minensiedlung am Cerro Rico.

Oben ganz links:
Gesteinsproben aus einem Bergwerksschacht des Cerro Rico.

Oben links:
Ein paar Kokablätter während der Pause – Minenarbeiter am Cerro Rico.

Links:
Die Knochenarbeit im Cerro Rico darf man als Außenstehender als menschenunwürdig und beschämend empfinden.

sich vor der Gegenwart die Augen verschließen. Im Innern des 4800-Meter-Kolosses, der über Potosí thront, schinden sich die Minenarbeiter wie vor einigen hundert Jahren. Dahinter steht keine Kolonialmacht mehr, sondern der Überlebenstrieb eines jeden Einzelnen, um sich und seine Familie irgendwie über Wasser zu halten und irgendetwas an Restreichtum aus dem Berg fördern zu können. Organisierte Führungen geben Einblicke in einen Arbeitsalltag, der als höchstgefährlich gilt und an die Grenzen der Belastbarkeit bringt. Dünne Höhenluft. Staub. Bedrückende Enge. Schier unerträglicher Lärm. Knochenarbeit mit Schaufeln, Seilwinden, Körben, Loren. All dies ist im Innern des Silberbergs Gewohnheit geblieben. Gelegentlich kommt es zu Sprengungen mit Dynamit. Wer sich als Besucher mit Stiefeln, Helmen und Lampen hineinwagt, fühlt sich vom Dunkel geschluckt und gelangt im zuckenden Lichtschein tief ins Erdreich. Hier stößt man auf den „Tío de la Mina", den puppengleichen „Minenkerl", der als symbolischer Beschützer des Stollens verehrt wird. Und begegnet Bergleuten, schenkt ihnen mitgebrachte Kokablätter, hält einen kurzen Plausch. Begegnungen wie diese sind ein zweischneidiges Schwert, beschämend und aufschlussreich zugleich. „Wir haben nur die Mine", entgegnet mir ein junger Bergmann auf die Frage nach Alternativjobs und schaut betrübt zur Seite. „Viele von ihnen werden keine vierzig Jahre alt", ergänzt später unser Begleiter.

Linke Seite:
Hauptfarbe Grau: Trockenlandschaft im Hochland bei Porco im Departamento von Potosí.

Ganz links und links:
Als hätte ein Künstler seltsame Skulpturen erschaffen: Kakteen bei Ticatica, Departamento von Potosí.

Links:
Lamas – Neuweltkamele – kommen natürlicherweise nur in Südamerika vor. Hier im Hochland bei Porco, Departamento von Potosí.

Seite 108/109:
Ein surreales, polygonales Muster schmückt die verkrusteten weißen Weiten des großen Salzsees, Salar de Uyuni.

Oben:
Der Vulkan Tunupa am nördlichen Rand des Salar de Uyuni steigt 5432 Meter hoch auf.

Rechts:
Hier darf man sich gewiss persönlich bedient fühlen – einsame Tankstelle bei Uyuni.

Oben:
Kurioser Anblick: Salzhotel auf dem Salar de Uyuni. Die Fahnen setzen bunte Akzente im endlosen Weiß.

Ganz links:
Hier wird der Rohstoff auf Lastwagen verladen: Salzsammelstelle auf dem Salar de Uyuni.

Links:
Kakteen auf der „Fischinsel", Isla del Pescado, im Salar de Uyuni.

Unten:
Einst gab es hier Gold und Silber: verlassene Mine von Pulacayo, Departamento Potosí.

Links:
Ob hier viel wächst? Felder und ein entlegenes Gehöft in karger Landschaft bei Ticatica, Departamento Potosí.

Oben:
Der Eisenbahnfriedhof bei Uyuni bietet einen kuriosen Anblick. Er liegt südwestlich der Stadt Uyuni.

Oben:
Faszinierende Formationen in verschiedensten Brauntönen bestimmen das Valle de las Rocas, das „Tal der Felsen“.

Rechts:
Wo die Erde kocht: der Geysir Sol de Mañana. Das Geothermalgebiet liegt südwestlich der Laguna Colorada.

Links:
Das schmeckt nach Staub und Abenteuer: Fahrt durch das Hochland nahe dem Vulkan Ollagüe.

Unten:
Einsame Hochlandfahrt nahe der Laguna Verde. Wer solche Trips angeht, muss hart im Nehmen sein, wird aber ausgiebig belohnt.

Oben:
Hier zerfließen die Eindrücke zwischen der Laguna Hedionda und eisbesetzten Hochlandriesen.

Rechts:
Ein warmes Bad vor grandioser Kulisse – in den Termas de Polques am Salar de Chalviri kann man gut entspannen.

Links:
Angesichts dieser Flamingokolonie wird es einem in der Laguna Colorada ganz rosa vor Augen.

Seite 118/119:
Ist doch klar, warum dieser Hochlandsee „Grüne Lagune“, Laguna Verde, heißt, oder …?

Die Weiten der Tiefländer

Die Einteilung im Binnenstaat Bolivien ist einfach. All das, was nicht dem Altiplano, den Anden und deren nächsten Ausläufern zufällt, ist Tiefland. Und das nimmt den größten Teil der Fläche ein, ist aber vielerorts für den Menschen unzugänglich und tropisch-heiß. Die Weiten der Tiefländer schieben sich bis an die Grenzverläufe mit Brasilien, Paraguay und Argentinien. Die Landschaften reichen von trockeneren Savannen bis zu immergrünen Dschungelgebieten. Das Amazonasbecken wird aus Bolivien mitgespeist. In den Flüssen leben Süßwasserdelfine, Riesenotter, Piranhas, Kaimane.

Ausnahmen bei der extrem dünnen Besiedlung machen Trinidad und vor allem die Großstadt

Hier ist das Land weit und wird durchströmt von dem breiten Río Alto Beni, hier bei Caranavi.

Santa Cruz de la Sierra, die sich ihres internationalen Flughafens rühmt und per Bahn an die brasilianische Grenze anbindet. Klassiker bei der Anreise aus den Anden ist die Straße ab Cochabamba und Station unterwegs, etwa 120 Kilometer vor Santa Cruz de la Sierra, der Ort Samaipata, dessen Name in der Quechua-Sprache „Ruhe in den Höhen" bedeutet. Samaipata liegt im Übergangsraum vom Hoch- ins Tiefland auf 1650 Metern und genießt wegen seines nahen Archäologischen Parks kulturellen Stellenwert. Das Zeremonialzentrum, von den Spaniern als „Fuerte" (Festung) bezeichnet und dem Weltkulturerbe der UNESCO zugehörig, belegt die Präsenz der Inka. Wahrzeichen der Ruinenstätte ist ein gewaltiger Sandsteinfelsen mit eingemeißelten Figuren, Tierdarstellungen, Treppen, Vertiefungen, Plattformen. Das Ganze öffnet sich wie ein skulptiertes Bilderbuch. Esoteriker wollen hier besondere Kraftfelder ausgemacht haben.

Richtung Santa Cruz de la Sierra führt die Straße weiter abwärts. Es wird schwüler, die Vegetation zunehmend tropischer. Fuhrwerke ziehen vor den Fensterscheiben vorbei, Palmen, Grapefruitbäume, Zuckerrohrfelder. Kürzlich im Hochland habe ich mich nachts unter Stapelbelägen aus Wolldecken wie im Bett einbetoniert gefühlt. Nun sehne ich mich bei der Quartiersuche in Santa Cruz de la Sierra nach Aircondition. Oder zumindest einem

Ventilator im Zimmer. Die moderne, ausgeuferte Handels- und Geschäftsmetropole vereint Weltunterschiede zwischen Arm und Reich. Feine Geschäfte und Boutiquen, andernorts bedauernswerte Gestalten vor Blechnäpfen mit kaum definierbarem Inhalt. Dreh- und Angelpunkt ist die Plaza 24 de Septiembre, geprägt von Palmen, Gewimmel und Kathedrale.

Dünen, Wasserfälle und historische Jesuitenkirchen

Gut erreichbar in Santa Cruz de la Sierra sind der Botanische Garten und die nahen Dünen im Parque Regional Lomas de Arena. Weitere Ziele sind die kleinen Wasserfälle von Espejillos und das Marienheiligtum von Cotoca. Die abgeschiedene Chiquitania, das Weltkulturerbe der historischen Jesuitenmissionen, lockt! San Francisco Javier, Concepción, San Miguel, San Rafael und San José de Chiquitos zählten zum Verbund jener Missionsdörfer, die man „Reducciones" nannte. Auf dem Weg zu den einstigen Bollwerken des christlichen Glaubens durchfahre ich weit nordöstlich von Santa Cruz de la Sierra ein ausgedehntes, grünes Flachland, passiere Mais- und Sojafelder, sehe strohgedeckte Holzbretterverschläge, trocknende Wäsche auf Zäunen, Palmen, Bananenplantagen, Holzbetriebe, Indiofrauen mit eleganten, schleifenverzierten Hüten. San Javier empfängt mich mit

Unten:
Eine Tacana-Indígena bei der Essenszubereitung in ihrer Hütte am Río Beni im Nationalpark Madidi.

Rechts:
Mein Gott, ist der groß! Indiofrau beim Bemalen einer Christusfigur in San Miguel in der Chiquitania.

Links:
Als würden sie sich über den Fotografen unterhalten: Totenkopfäffchen am Río Yacuma bei Santa Rosa.

Oben:
Fröhlich umhertobende Kinder am Río Beni im Nationalpark Madidi.

dem Missionskomplex und der kreuzgekrönten Kirche. Das Äußere zeigt bereits eine reiche Zier, ein typisches Merkmal der Reducciones, denn unter Anleitung der Missionare avancierten manche Indios zu Meistern der Schnitzerei und Malerei. Decken und Wände wurden mit floralen Farbmustern überzogen, Säulen kunstvoll gedrechselt, Engels- und Heiligenfiguren mit Goldglanz belegt. Tags darauf setze ich die Fahrt nach Concepción fort, vorbei an Zuckerrohrfeldern, Rinderweiden und Riesenbambus, aber auch begleitet vom Gestank nach totem Tier. Auf der Ladefläche eines Transporters, auf dem mir ein freundlicher Bolivianer einen Platz angeboten hat, dürften unlängst Schlachtabfälle befördert worden sein. Auf dem verschmierten Boden dümpelt noch der Sud hin und her. In Concepción legt sich Goldglanz über das Blutrot – im Innern der prächtigen, restaurierten Missionskirche mit ihrem Hauptaltar.

Im Rhythmus der geraden Jahreszahlen bewahrt das internationale Festival für Renaissance- und Barockmusik der Missionen von Chiquitos die Erinnerung an die musikalischen Traditionen, die damals in den Bekehrungsdörfern aufkamen und gepflegt wurden. Gewöhnlich finden die Konzerte in der zweiten Aprilhälfte bis Anfang Mai statt und locken insgesamt einige zehntausend Besucher an.

Wilde, ungezähmte Natur

Für die wilde, ungezähmte Natur in den Tiefländern stehen die Sumpfgebiete des Pantanal, der Parque Nacional Madidi und der zum Weltnaturerbe zählende Nationalpark Noel Kempff Mercado. Benannt nach dem bolivianischen Naturforscher Noel Kempff Mercado (1924–1986), öffnet sich hier der Vorhang für Wasserfälle, Sümpfe, Regenwälder, Orchideen, Tapire, Nabelschweine, Jaguare und einige hundert Vogelarten.

Oben:
Wenn die Motoren stillstehen, kann man diesen Anblick über den Río Beni bei Rurrenabaque umso besser genießen.

Rechts:
Buntes Markttreiben aus ungewohnter Perspektive in Rurrenabaque.

Ganz rechts:
Unter den Tacana würde es niemandem in den Sinn kommen, in der prallen Sonne zu arbeiten.

Oben:
Bananen in Hülle und Fülle: Ufermarkt am Río Beni in Rurrenabaque.

Links:
Nicht jeder Ton sitzt, aber gespielt wird mit Herz – Folkloregruppe in Rurrenabaque.

Oben:
Flusslandschaft im Nationalpark Madidi. Der Río Tuichi ist ein Zufluss des Río Beni.

Rechts:
Dieses Gewächs ist gewaltig hoch: Baumriese am Río Tuichi im Nationalpark Madidi.

Ganz rechts:
Eingespieltes Team der Tacana vor ihrer Hütte am Río Beni im Nationalpark Madidi.

Links:
Der Nachwuchs der Tacana hat Spaß mit seinem selbstgebastelten Drachen, aufgenommen am Río Beni.

Unten:
Unendliches Grün: weite Regenwälder bei Caranavi im Departamento Beni.

INDIGENE MYTHEN UND LEGENDEN

Oben:
Der Titicacasee spielt in der Mythologie der Inka eine wichtige Rolle.

Mitte:
Die gespenstische Stimmung im Regenwald bei Rurrenabaque passt gut zum Schatz der Legenden des Tieflands.

Reich ist der Schatz der Mythen und Legenden der eingeborenen Völker, die ihre Geschichten mündlich von Generation zu Generation weitergaben. Das Tieflandvolk der Chiriguanos führt sein Überleben auf ein Halbgeschwisterpaar zurück, das die Vernichtungsaktionen des bösen Gottes Aguaratumpa überstand – und zwar mit Hilfe des guten Gottes Tumpaete. Dieser war stets mit Rat und Tat zur Stelle, wenn Aguaratumpa darauf bedacht war, das von Tumpaete geschaffene Volk auszurotten. Als Aguaratumpa begann, Felder und Weidegründe mit Feuern zu vernichten, rief Tumpaete die Menschen dazu auf, an die Flüsse zu ziehen, um sich fortan von Fischen zu ernähren und Mais zu pflanzen. Dies erzürnte Aguaratumpa so sehr, dass er nie dagewesene Gewitterregen hinabschickte, die die Landstriche überschwemmten. Ein tödliches Verhängnis. Tumpaete wusste, dass es kein Entrinnen gab. Da wies er die Menschen an: „Sucht den größten Mate-Strauch, den ihr finden könnt. Setzt einen Jungen und ein Mädchen hinein, beide von derselben Mutter, gesund und kräftig. Ihr werdet sterben, doch die beiden werden euer Volk erhalten." Im umhertreibenden Strauch hielten sich die Kinder über Wasser, bis die Himmelsfluten aufhörten. Tumpaete schickte sie zu Cururu, einer gigantischen Kröte, die sich während der Unwetter tief im Erdreich versteckt und das Feuer bewahrt hatte. Damit gelang es den Kindern, Fische zu braten. Sie wurden groß und kräftig und fruchtbar. Aus ihnen ging das neue Volk der Chiriguanos hervor. So endet die Geschichte – mit inzestuöser Note ...

Halb Saurier, halb Riesenschlange

Unter einem anderen Tieflandvolk, den Chiquitanos, war der Chovoreca gefürchtet, vergleichbar mit dem Teufel. Nachts erschien er den Kleinsten und verschleppte sie auf ewig in die Berge. Ebenfalls nachtaktiv im Tiefland war der Jichi, halb Saurier und halb Riesenschlange. Das Monstrum, das im Wasser lebte, flößte den Menschen keine

Angst ein, aber Respekt: als Hüter der Quellen, der Beschützer der Wassertiere und Wasserpflanzen. Wenn der Jichi verschwindet, so hieß es, geht das Wasser zurück, verkommen die Fischgründe und ergreift das Wild die Flucht.

Tragisches Geheimnis

Ein tragisches Geheimnis in den Regenwäldern bewahrte ein Vogel, der Guajojó. Denn eigentlich war er gar kein Vogel, sondern ein verzaubertes Mädchen. Dieses war Tochter eines Stammesführers und in einen jungen Mann verliebt, der dem Vater überhaupt nicht gefiel. Heimtückisch ermordete er den Verehrer. Als das Mädchen dahinterkam und ihren Vater zur Rede stellte, der auch ein Zauberer war, verwandelte er sie in den Guajojó. Seither flattert der Vogel bei Dunkelheit umher und stößt traurige Pieptöne aus.

Im Altiplano rankt sich eine Überlieferung der Aymara um Iqiqu, ein gedrungenes Männchen voller Güte und göttlicher Kraft. Vor der Ankunft der Konquistadoren verbreitete er überall Freude, brachte Liebende zusammen, legte Quellen frei, versetzte Berge, räumte Felsen aus dem Weg. Dann erschien Awqa, ein bärtiger, weißer Mann, der Iqiqu in die Flucht trieb und ihn mit seinen Helfern so lange verfolgte, bis er ihn stellte und tötete. Iqiqus Körper ließ Awqa zerstückeln und im Altiplano verstreuen. Die Alten glauben, so sagt man, dass die Teile Iqiqus eines Tages doch wieder zusammenfinden.

Oben:
Monsterhaft sieht nicht nur dieses Bugteil bei Schilfgrasbooten der Uru-Indígenas am Titicacasee aus – auch in den Legenden geht es um die ein oder andere Bestie.

Oben links:
Überlieferungen und Erbe der Inka halten sich bis heute lebendig. Indiofrauen auf der „Inkatreppe" auf der Isla del Sol im Titicacasee.

Tacana unterwegs auf einem motorisierten Flussboot auf dem Río Beni. Und zwar nah an der Wasserkante.

Wer ein Boot über den Río Yacuma steuert, muss alle Tücken des Flusses kennen.

Rechte Seite:
Idyllische Flusslandschaft: der Río Tuichi im Abendlicht im Nationalpark Madidi.

Linke Seite:
Vogelbeobachter, aufgepasst! Hier sieht man Grünflügelaras im Nationalpark Madidi.

Ganz links:
Leguan am Río Yacuma bei Santa Rosa.

Links:
Der Hoatzin wird treffenderweise auch Schopfhuhn genannt; hier sieht man ein Exemplar am Río Yacuma.

Ganz links:
Herrlich plump und unbeholfen wirkt das Wasserschwein – doch es kann sehr flink sein. Noch flinker wahrscheinlich ohne Vogel-Last auf dem Rücken. Aufgenommen am Río Yacuma bei Santa Rosa.

Links:
Ein Fluss wie der Río Yacuma steckt voller Leben. Ein kleinerer Bewohner ist diese Wasserschildkröte.

Ganz links:
Wenn der Mensch sich nähert, geht man als Krokodil vorsichtshalber auf Tauchstation im Río Yacuma.

Links:
Totenkopfaffe am Río Yacuma.

Rechts:
Auf den Böden der Chiquitania gedeiht Gemüse – hier im Ortszentrum von San Javier wird alles charmant verkauft.

Ganz rechts:
Chiquito-Indígenas finden bei San Rafael kurz Zeit, vor der Viehherde zu posieren.

Unten:
Aufnahme aus dem Alltag im Ortskern von San Javier. Besonders viel los ist nicht, was manche Besucher schätzen werden, wenn sie diese Region der historischen Jesuitenmissionen bereisen.

Oben:
Wer keine Waschmaschine besitzt, wie diese Chiquitos bei San Rafael, wäscht die Wäsche halt nach alter Väter- und Müttersitte im Fluss.

Links:
Viele Bolivianer halten sich mit kleinen Verkaufsständen über Wasser, wie hier an der Dorfstraße in San Miguel.

Oben:
Im Gebiet der Jesuitenmissionen der Chiquitania: wiedererrichtete Kirche in San Ignacio de Velasco.

Rechts:
Charakteristische Komposition der historischen Jesuitenkirche in San Rafael: gewundene Säulen, bemalte Wände und der kleine Turm.

Oben:
Die historische Jesuitenkirche von San Javier erfreut sich heute bei Gottesdiensten eines regen Zulaufs.

Links:
Blick durch das Langhaus zum Altar der Jesuitenkirche San Javier. Restauratoren haben dafür gesorgt, dass alles wieder in altem neuem Glanz erstrahlt.

Das Weltkulturerbe der historischen Jesuitenmissionen –

CHIQUITANIA

Oben:
Wie im aufoktroyierten Altvaterland Spanien, so pflegt auch Bolivien dramatische Bilder des Glaubens. Eine solche Christusskulptur im Glassarg zum Beispiel, ist zu sehen in der historischen Jesuitenkirche San Javier.

Mitte:
Die Kirche San Ignacio de Velasco beeindruckt zwar, aber sie steht nicht auf der Weltkulturerbe-Liste der Jesuitenmissionen. Grund: 1948 wurde das Original nach einer Feuersbrunst abgerissen und durch diese in altem Stil ersetzt.

Auf die Anfänge der spanischen Kolonialmacht, ihre gnadenlosen Versklavungen und Ausbeutungen der Ureinwohner, folgte die spirituelle Eroberung. Zu diesem Zweck rückten unterschiedlichste Ordensgemeinschaften an, ob Franziskaner, Mercedarier, Dominikaner oder Jesuiten. Ein Ziel der Jesuiten war ab Ende des 17. Jahrhunderts der entlegene Ostteil Boliviens, wo sie in der Region Chiquitania, die auch unter dem Namen Chiquitos bekannt ist, ans Werk gingen. „Reducción", übersetzbar mit „Jesuitenreduktion", so hieß der Typus jener Schutz- und Bekehrungsdörfer, die die Patres in den Weiten des Tieflands aus der Taufe hoben. Dahinter stand – wie auch andernorts in Südamerika, vor allem im Dreiländereck von Argentinien, Brasilien und Paraguay – der Gedanke, weit verstreut lebende Indios frei von Unterdrückung in Siedlungen zusammenzuführen, an ein Leben in christlicher Gemeinschaft zu gewöhnen und alte Weltanschauungen durch den neu injizierten Glauben zu ersetzen.

Multifunktionaler Missionar

Der aus der Schweiz stammende Jesuit Martin Schmid (1694–1772) skizzierte in einem seiner Briefe aus der Chiquitania in die Heimat die multifunktionalen Aufgaben eines Missionars. Es galt, nicht nur Glaubensvermittler und Seelsorger zu sein, sondern gleichermaßen Arzt, Krankenpfleger, Gärtner, Richter, Koch, Baumeister, Schmied, Schreiner und vielerlei mehr. Das Prinzip einer „Reducción" lehnte sich an die Vorstellung einer Idealstadt an. Also: demokratisches Gefüge, Zusammenarbeit auf allen Ebenen, Autarkie. Hinter all dem stand natürlich die Evangelisierung, die von den Missionaren nicht nur die Kraft der Worte und überzeugendes Auftreten verlangte. Ebenso entscheidend waren kreative Ansätze. Inmitten der „Urwaldkirchen", wie Martin Schmid sie einmal nannte, erwiesen sich Musik und Theater als ge-

Oben:
Die Holzschnitzwerkstatt San Pablo in San Miguel knüpft an alte Traditionen an.

Oben ganz links:
Ruhe herrscht im Innenhof der Kirche San José de Chiquitos.

Oben links:
Bemaltes Seitenportal der Jesuitenkirche in San Rafael.

Links:
Über Musik versuchten die Jesuiten einst, den Glauben zu vertiefen. Chöre gibt es noch heute, dieser hier hat in der Kirche von Concepción seinen Auftritt.

eignete Mittel, um Brücken zu bauen und den Christenglauben konkreter zu erschließen. Gab man Tänzen, die die Eingeborenen liebten, bei Prozessionen eine andere Note, war bereits viel gewonnen. Das Geheimnis des Missionserfolgs lag darin, die Freude des christlichen Glaubens zu transportieren und zu verinnerlichen. Unter Anleitung der Missionare entstanden in den Dörfern sowohl Chöre als auch Theaterspielgruppen und kleine Orchester. Dabei wurden Musikinstrumente, angelehnt an europäische Vorbilder, selbst gebaut. Bei der Gestaltung der Dorfkirchen war anderweitige Fingerfertigkeit gefragt, auf die sich manche Indígenas meisterhaft verstanden. Sie schnitzten Skulpturen von Engeln und Heiligen und halfen mit, Altäre, Decken und Fassaden zu verzieren.

Ende durch König Karl III.

Was 1691 mit der „Reducción" von San Francisco Javier begann und sich mit den Siedlungen San Rafael (1696) und Concepción (1709) fortsetzte, endete mit Santa Ana (1755) und Santo Corazón (1760). Kurz darauf, 1767, fand die Entwicklung mit der von Spaniens König Karl III. verfügten Vertreibung der Jesuiten ein Ende. Dem Monarchen waren die Ordensleute zu machtbedrohlich geworden. Heute gehören die historischen Jesuitenreduktionen in der Chiquitania zum Weltkulturerbe der UNESCO.

Im bolivianischen Reisealltag essen viele Traveller wie die Einheimischen, hier in San José de Chiquitos.

Dieses Orchester der Chiquito-Indígenas hat in der Kirche von Concepción eine fantastische Kulisse gefunden.

Rechte Seite:
Blick in den Innenhof der historischen Jesuitenkirche in San José de Chiquitos. Die Mission wurde um das Jahr 1750 gegründet.

Unten:
Blick vom Bergfels Torre de David zu ferneren Höhenzügen in der Serrania Chochis.

Ganz unten:
Kleine Marienpilgerstätte (Santuario Mariano de la Torre) am Fuße des Torre de David.

Rechts:
Wie ein gigantischer Daumen ragt die Torre de David aus dem umliegenden Grün auf.

Oben:
Bolivianischer Cowboy und Herde – ein Eindruck von dem Landgut Estancia San Nicoles bei Pozo del Tigre.

Rechts:
Mennoniten zählten in Europa zu den ewig Verfolgten, Vertriebenen, Unerwünschten. In Südamerika fanden sie vielerorts eine neue Heimat. Der Aufbau einer neuen Existenz auf Basis von Land- und Viehwirtschaft kostete Kraft, Schweiß, Durchhaltevermögen. Colonia Nueva Esperanza, „Kolonie Neue Hoffnung“ heißt der Stützpunkt dieser Mennoniten nördlich von San José de Chiquitos.

Oben:
Häuschen auf dem Land bei Pailón östlich von Santa Cruz de la Sierra.

Links:
Wer auf dieser Straße östlich von Santa Cruz de la Sierra unterwegs ist, muss reichlich Staub schlucken.

Unten:
Speisesaal im Club Social 24 de Septiembre im Zentrum von Santa Cruz de la Sierra. Ursprünglich war dies ein edler Stadtpalast, 1917 eröffnet.

Linke Seite:
Glaubenstempel im Herzen von Santa Cruz de la Sierra ist die Basilika San Lorenzo. Die Baugeschichte an selber Stelle ist lang, dies bereits das fünfte Gotteshaus in der historischen Abfolge. Gleich gegenüber der Doppelturmfront findet man ein Plätzchen im ersehnten Schatten.

Rechts:
Weiß-blau erstrahlt eine der Außenmauern des Marienheiligtums von Cotoca.

Unten:
Die Bedingungen in der Markthalle von Cotoca mögen einfach sein, doch hier kommt alles frisch auf den Tisch.

Oben:
Auslegeware einfach auf der Straße, das ist typisch für Bolivien, hier in Samaipata.

Ganz links:
Ob der Urheber einen Vogel hatte? Originelle Telefonzelle in Samaipata.

Links:
Hier werden Lehmziegel auf traditionelle Weise westlich von Samaipata hergestellt.

Linke Seite:
Bergflanken mit grünem Überzug bei Samaipata am Rand des Nationalparks Amboró.

In klobigen Formen steigt die Bergwelt bei Samaipata auf.

Der Archäologische Park El Fuerte de Samaipata wird von seinem verzierten Sandsteinfelsen beherrscht.

Seite 152/153:
See in der Öko-Lodge „Refugio Los Volcanes" am Rand des Nationalparks Amboró.

REGISTER

Porto Velho
Rio Branco
Jaru
BRASILIEN
Guayaramerin
Riberalta
Cobija
Puerto Rico
Madre de Dios
ResN Amazónica Manuripi
Caupolicán
Forte da Principe da Beira
Itenes Guapore
Vilhena
PERU
San Ramón
Mamoré
Beni
Santa Ana del Yucuma
San Miguel
PN Noel Kempff
Cerros de Bala
Rurrenabaque
PN Madidi
Trinidad
San Ignacio de Moxos
Yucuma
Llanos de Mojos
Inkanwaya
Puerto Acosta
Nev. Ancohuma 6.425 m
Titicaca-see
Caranavi
BOLIVIEN
Achacachi
Coroico
PN Cotapata
PN Isiboro Sécure
Concepciòn
La Paz
Nev. del Illimani 6.462 m
Tiahuanaco
Valle de la Luna
Cordillera Oriental
Todos Santos
Altiplano
Patacamaya
PN Tunari
PN Carrasco
Montero
Calacoto
Quillacollo
Cochabamba
PN Amboró
El Cerro
Charaña
Incaracay
Punata
Incallajta
Totora
Santa Cruz de la Sierra
Caracollo
San José de Chiquitos
Oruro
Pampa Grande
Llanos de Chiquitos
Nev. Sajama 6.520 m
L. Uru Uru
Aiquile
Vol. Parinacola 6.342 m
PN Sajama
Fuerte de Samaipata
Bañados de Izozog
Corque
Arica
Llallagua
Cordillera Central
Valle Grande
El Tacobo
L. de Poopó
Challapata
Co. Cibaray 6.470 m
Sucre
PN de Manejo Integrado Kaa-Iya del Gran Chaco
PN de Manejo Integrado Otuquis
Puerto Suárez
Pampa Aullagas
Co. Azanaques 5.023 m
Zudañez
L. de Coipasa
Padilla
Salar de Coipasa
Rio Mulato
Cord. de Chicas
Potosi
Llica
Camiri
Co. Tunupa 5.432 m
Co. Huanchaca 5.950 m
Vitichi
Iquique
Salar de Uyuni
Uyuni
Rio Grande
Atocha
Villa Abecia
Co. Paroma 5.721 m
Chiguana
Villa Montes
Pilcomayo
Cord. de Lípez
Tupiza
Tarija
PN Aguarague
CHILE
Padcaya
Yacuiba
Villazón
Co. Uturuncu 6.008 m
ResN de Fauna Andina Eduardo Avaroa
ResN Tariquìa
PARAGUAY
Calama
Bermejo
Vol. Licancábur 5.916 m
Gran Chaco
Antofagasta
ARGENTINIEN
San Salvador de Jujuy
200 km

IMPRESSUM

Buchgestaltung
SILBERWALD
Agentur für visuelle Kommunikation, Rimpar
www.silberwald.biz

Karte
Fischer Kartografie, Aichach

Printed in the EU
Repro: Artilitho snc, Lavis-Trento, Italien
www.artilitho.com
Druck/Verarbeitung:
MultiPrint ltd, Kostinbrod, Bulgarien
www.multiprint.bg

ISBN 978-3-8003-4483-3

Bildnachweis
alle Bilder von Karl-Heinz Raach mit Ausnahme von:
Christian Heeb: S. 10 fünftes Bild von oben; S. 25 (2 Abb.); S. 80/81; S. 82 links oben; S. 114/115 (4 Abb.); S. 116/117 (3 Abb.); S. 118/119; S. 156.
Andreas Drouve: S. 10 ganz unten; S. 88/89 (5 Abb.).
iStockphoto.com: S. 36 (DC/Colombia); S. 37 unten (Byelikova_Oksana).

Danksagung:
Für Nutzung der Bilder auf den Seiten 36 und 37 unten bedanken sich der Fotograf und der Verlag beim Unternehmen Doppelmayr.
www.doppelmayr.com

Bunter Bus beim Salar de Uyuni. Im Gegensatz zu diesem Vehikel herrscht in Bolivien kein Stillstand. Überall warten spannende Ziele auf ihre Entdeckung!